가장 낯선 바다에서 가장 나다워졌다

Prologue

지금 이 순간에도 믿기지 않는다.
한국에서 7시간 넘게
비행기를 타고 와야 하는 이곳,
인도네시아 발리에서 살고 있다는 사실이.

집 밖을 나서면 자동차 대신
오토바이들이 줄지어 도착지를 향해 달려가고,
눈앞에 펼쳐진 나의 시야에는
회색이 아닌 초록색과 파란색이 가득하다.
내가 원하기만 하면 어느 시간이든 어느 지역을 가든
윤슬이 반짝이는 눈부신 바다를 볼 수 있고,
서프보드만 있다면 언제든 물속으로 뛰어들어
파도를 탈 수 있는 지금의 생활이
아직도 꿈만 같다.

수도 없이 생각했었다.
왜 이제야 알았을까?
진작에 알았다면 얼마나 좋았을까?

그렇지만 결국 지금이라도
이렇게 살아가고 있는 현실에 감사하며
다시는 돌아오지 않을 이 순간의 행복을
마음껏 즐기고 있다.

그리고 지금까지도
'바로 오늘 나의 시간을 소중히 보내자.'라는 결심을
아주 잘 지켜 나가고 있다.

언제, 어떻게 다가올지 모르는
미래만 바라보며 달려오던 내가
참 많이도 변했다.
내 주변 모두가,
심지어 나조차도 놀랄 만큼.
'사람은 고쳐 쓰는 것이 아니라
바꿔 쓰는 것이다.'라는 말처럼,
사람은 쉽게 변하지 않는다고들 하지만
실제로 나는 많은 것이 달라졌고,
전과는 완전히 다른 새로운 세상 속에서 살고 있다.

그리고 지금도 여전히,

이전에는 알지 못했던 감정들을

처음으로 하나씩 마주하며,

하고 싶은 일들로 가득한 매일의 오늘을 보내고 있다.

이곳, 발리에서.

Contents

02 Prologue

Part 1   나를 위한 용감한 이별

12 오랜 꿈
15 다시, 도전
20 요즘 뭐 해?
25 그날의 기억
30 더는 미루지 않기로 했다
34 포기가 아닌 놓아주기
40 어쩌다 발리
46 두 달 살기 D-28
51 내 평생 취미
58 나는 발리에서 살기로 했다
64 실전 비우기
68 OTT와의 단절
73 두 번째 우기
78 행복은 나이를 묻지 않는다
83 발리벨리
89 지금의 내 얼굴과 몸이 좋다
92 은은한 노을처럼

Part 2　춤을 추던 나는 이제 파도를 탄다

- 100　이름이 뭐예요?
- 104　안전장치
- 109　화장은 사치
- 114　발리의 빨래방
- 117　걸어 다니는 종합 병원
- 123　행복하게 먹으면 0칼로리
- 127　소소한 대화가 하고 싶어서
- 134　미니멀 라이프
- 138　인생 첫 치밥
- 145　바비굴링
- 150　움직이는 와룽
- 155　동물들의 천국, 발리
- 159　나의 놀이터
- 164　그리움 한 줄, 추억 한 줄
- 169　한여름의 크리스마스
- 173　오토바이 택시
- 179　고마워, 미안해
- 183　Santai

Part 1

나를 위한 용감한 이별

오랜 꿈

 정확히 몇 살 때부터였는지는 모르겠다. 확실한 건, 내가 태어나 기억을 갖게 된 순간부터 내 꿈은 가수였다.

 어릴 적 사진 앨범만 봐도 화려한 옷을 입고 노래를 부르거나 춤을 추고 있는 모습, 짧고 통통한 몸으로 멋진 모델 포즈를 따라 하는 사진들이 많다. 나는 말을 잘하지 못하던 유아 시절부터 가족들과 동네 아주머니들을 불러 모아, 들리는 대로 따라 부른 이상한 가사의 노래들을 자주 불러 주었다고 한다. 나를 아는 모두가 내 꿈이 가수라는 걸 알고 있었을 정도로 말이다.

 10대 시절에는 학교에서의 추억보다 한쪽 벽이 전부 전신 거울로 채워진 연습실에서의 기억이 더 많을 정도로 내 꿈을 위해 수많은 시간을 쏟아부었다. 평일과 주말을 가리지 않고 매일 똑같이 연습하고 평가를 받으며, 언제 데뷔할 수 있을지에 대한 불안감에 휩싸여 하루하루를 보냈다.

그렇게 오지 않을 것만 같았던 순간이 찾아왔다. 나는 드디어 만 19살에 포미닛으로 데뷔하게 되었다.

"우리는 포미닛! 안녕하세요, 포미닛의 메인 보컬 허가윤입니다."

2009년에 데뷔해 2016년까지, 7년 동안 거의 하루도 빠짐없이 반복했던 인사. 데뷔와 동시에 수많은 스케줄이 쏟아졌고, 국내 공연은 물론 해외 공연까지 이어졌다. 데뷔 후 처음 만들었던 여권은 눈 깜짝할 사이에 페이지가 가득 찼고, 새로운 여권을 만든다는 설렘조차 없이 그저 사진을 찍으라니 찍었고, 구청에 가자니 따라갔던 기억만 남아 있다. 스케줄이 끝나면 다시 연습, 그리고 녹음. 돌이켜 보면 7년 동안 참 열심히 살았다. 그리고 그렇게 하는 게 맞는 줄 알았다.

7년 동안 '쉬다'는 건 내 인생에 있어서는 안 될, 나를 불안하게 만드는 요소일 뿐이었다. 어떻게 쉬는지도 몰랐고, 쉬는 날이 생기면 마치 내 인생이 큰일이라도 나는 것처럼 불안에 떨었다. 며칠씩 잠도 못 자고 씻지도 못할 만큼 몸은 힘들었지만, 그래도 쉬는 것보다 일하는 편이 마음은 훨씬 더 편하고 좋았다. 무대 위에서 느끼는 기쁨과 행복, 그리고 보람과 성취감이 그 모든 고단함을 잊게 할 만큼 컸으니까.

지금도 그 시절을 되돌아보면 힘들었던 기억보다는 좋았던 순간들과 아름다운 추억들이 더 많이 떠오른다. 만약 내가 데뷔하지 않았다면 결코 알 수도, 느낄 수도 없었을 소중한 경험들이었으니까.

온갖 희로애락을 느꼈던 7년이자, 내 인생에서 가장 화려하고 찬란했던 7년. 영원할 수는 없지만 영원히 기억 속에서 지워지지 않을, 강렬하지만 짧게 스쳐 지나간 꿈 같은 시간이었다.

다시, 도전

 나의 꿈 같던 7년이 끝난 뒤 태어나서 단 한 번도 바뀌지 않았던 꿈, 가수가 아닌 새로운 꿈이 생겼다. 그렇게 좋아하던 노래가 아닌, 전혀 다른 길이었다.

 사실 나의 새로운 꿈은 이미 오래전부터 시작되고 있었던 것 같다. 내가 19살, 대학 입시를 준비하던 때 나는 실용음악과가 아닌 연극영화과를 준비했다. 어릴 때부터 노래를 배워 온 나에게는 실용음악과에 가서 또다시 음악을 배우는 것보다 새로운 것을 접하고 도전해 보고 싶은 마음이 더 컸다. 그리고 노래와 연기를 같이 즐길 수 있는 뮤지컬 공연을 볼 때마다 '나중에 기회가 된다면 나도 꼭 연기를 해 보고 싶다.'라는 생각을 마음속에 품고 있었던 것 같다.

결국 포미닛의 데뷔와 맞물려 입시 준비는 중간에 멈출 수밖에 없었지만, 부모님의 성화에 못 이겨 데뷔 후 다시 입시를 준비하게 되었다. 아마 그때부터 내 안에서 연기에 대한 열정이 자라기 시작했던 것 같다.

그러던 어느 날, 포미닛으로 활동하던 중 〈빛과 그림자〉라는 드라마에 캐스팅이 되었다. 극 중 인물은 가수였고, 짧게 등장하는 카메오 출연이었지만 가수로서 느끼던 현장과는 전혀 다른 분위기의 촬영장에서 새로운 재미와 희열을 느낄 수 있었다. 입시를 준비하며 해 왔던 연기나 학교에서 배웠던 연기와도 또 다른 경험이었다.

그 이후, 가수가 아닌 배우로서 가끔씩 캐스팅 제의나 오디션 제안이 들어왔다. 하지만 당시에는 이미 빼곡하게 짜인 스케줄 속에서 다른 활동을 병행하는 것은 사실상 불가능했다. 짧게 출연하는 카메오가 아니라, 하나의 작품에서 제대로 된 역할을 맡는다는 것은 꿈도 꿀 수 없었다.

그런 상황이 반복될수록 연기에 대한 갈망은 점점 커져 갔고, 결국 지금의 배우라는 새로운 꿈이 생긴 하나의 이유가 되었다. 연기에 대한 호기심이 쌓이면 쌓일수록 그만큼 간절함도 더 깊어졌고, 나는 더 늦기 전에 새로운 도전을 해야겠다고 결심했다.

새로운 도전의 시작과 함께, 데뷔 후 끝난 줄로만 알았던 오디션과 평가가 다시 시작되었다. 10대의 내가 새하얀 도화지였다면, 팀 활동 이후의 나는 이미 수많은 색으로 채워진 상태였다. 여기에 편견과 선입견까지 더해져, 내가 감내해야 할 것들은 10대 시절보다 몇 배는 더 많아져 있었다.

정말 셀 수 없이 많은 오디션을 봤다. 그런데도 돌아보면 "내가 오디션을 본 게 맞나?" 싶었던 경우가 대부분이었다. 매번 지정 연기와 자유 연기를 마친 뒤에는 연기에 관한 대화보다 포미닛에 관한 대화가 80% 이상이었다. 오히려 "나는 신선한 얼굴을 찾고 있다. 너는 이미 가수로서, 그리고 포미닛의 멤버로서 알려져 있기 때문에 내가 찾는 배우는 아닌 것 같다."라고 솔직하게 말해 준 감독님들이 감사하게 느껴질 정도였다.

이런 순간들을 마주할 때마다 정말 가끔은 너무 소중했던 나의 7년이 숨기고 싶어지기도, 때로는 미워지기도 했다. 7년 동안 열심히 활동한 결과물이기도 하지만, 정작 사람들 눈에 나는 '배우 허가윤'이 아닌 '포미닛 허가윤'으로만 보였다. 그 시절, 나를 향한 시선과 질문들은 나를 너무 옥죄었다.

"생각보다 조용한 성격이네요. 아이돌이라서 밝을 줄 알았는데요."

"무대에서는 강한 느낌이었는데, 화장을 지우니까 너무 착해 보여요."

아무런 말도 하지 않았지만, 이미 정해진 나의 이미지 속에서 나는 언제나 그들이 기대하던 허가윤이 아니었다. 이런 만남과 대화가 거듭될수록, 나는 점점 부정적인 생각들로 내 머릿속과 마음을 채워 갔다.

지금은 이해할 수 있다. 내가 부족했다는 것도, 그리고 상대도 나만큼이나 어렵고 불편했으리라는 것도. 하지만 그 당시에는 '왜 나에게는 기회를 주지 않는 거지?'라는 편협한 질문만 되뇌며, 마치 세상에서 내가 가장 간절하고 불쌍한 사람인 것처럼 느껴졌다. 그렇지만 모두가 그러하듯, 나 또한 이 세상의 주인공은 나니까. 많은 사람들이 각자의 삶을 살아가고 꿈을 이루는 과정에서 비록 똑같지는 않더라도 나와 비슷한 순간들을 겪었을 것이다. 우리는 모두 평가받고 선택받는 삶 속에서 살아가니까.

그런데 생각보다 나만 겪는 일은 없었다. 그리고 그 사실이 때때로 작은 위로가 되어 주기도 했다. 힘든 순간마저 나 자신을 특별하게 만들 필요는 없다. 나 또한 그렇게, 그 순간들을 지나 보냈다.

요즘 뭐 해?

 나의 직업인 연예인도 크게 보면 프리랜서다. 일이 있을 때는 숨 가쁘게 분주하지만, 일이 없을 때는 정말 아무것도 하는 일 없이 시간을 보내야만 한다. 가수로서 보낸 7년은 쉬는 날 없이 일했지만, 배우라는 길에 들어서면서부터는 일하는 날과 일하지 않는 날이 분명하게 나뉘었다. 지금 생각해 보면, 그 시절의 나는 오디션이나 미팅 외에는 무엇을 해야 할지조차 몰랐던 것 같다.

 사람들을 만나면 으레 안부처럼 건네지는 "요즘 뭐 해?"라는 질문. 나는 그 말이 정말 싫었다. 아무 일도 하지 못하고 있는 내 상황만으로도 이미 충분히 힘겨웠기에 그 마음을 다시 일깨우고 싶지 않았고, 내 감정 속 어두운 부분을 굳이 남에게 보이고 싶지도 않았다. 사실 대답하기 귀찮기도 했다. 그들에게 일일이 설명해 주는 일이 나에게는 오히려 부담이 되었고, 그 설명이 나에게 어떤 좋은 것을 가져다줄 거라고도 생각하지 않았다. 그래서 그 질문이 날아올 때면 오랜만에 만났다는 설렘과 반가움의 스위치가 한순간에 '달칵' 꺼져 버리는 느낌이 들었다.

솔직한 심정으론 아무 대답도 하지 않고 넘어가고 싶었지만 그렇다고 무시할 수도, 거짓말할 수도 없는 일이었다. 머릿속에 온갖 생각들이 넘쳐 나며 대답을 찾아 헤매는 혼란 속에서, 나는 최대한 빨리 정신을 가다듬고 "그냥 놀아."라고 있는 그대로 짧고 무덤덤하게 답을 내뱉곤 했다. 그저 그 자리에서 더 이상의 질문이 없기만을 바라면서. 때로는 그런 만남 자체가 피하고 싶은 부담으로 다가와, 차라리 애초에 약속을 잡지 않았더라면 좋았겠다는 생각이 머릿속을 맴돌았다. 그 누구도 예외는 아니었다. 가족도, 가장 가까운 친구도, 같은 업계 사람들조차.

"요즘 뭐 해?"라는 그 흔한 한마디가 시작되면 나의 상황을 모르는 누군가에게는 내가 부러움의 대상이 되기도 했고, 또 누군가는 나를 염려의 눈길로 바라보기도 했다. 어떤 이는 내가 듣고 싶지 않은 이야기들, 예를 들면 누가 어느 드라마에 출연 중이라는 소식이나 나도 몰랐던 정보들을 전하며 내 마음속에 또 다른 스트레스를 얹어 주기도 했다. 그런 경험들이 차곡차곡 쌓이자, 누구도 만나고 싶지 않았고 더는 누구와도 깊이 대화하고 싶지 않았다.

그런 나에게, 어느 날 누군가가 이런 말을 했다. 만나기 싫다고 피하기보다는 오히려 당당하게 만나고 부딪쳐 보라고. 그러다 보면 마음의 감각이 무뎌져 괜찮아질 거라고. 하지만 나는 결단코 피하는 쪽을 선택했다. 모두를 내가 따돌렸다. 피하지 말고 맞서 싸우라는 말이 옳을 때도 있겠지만 모든 상황에 정답이 될 수는 없지 않을까. 무언가가 나에게 벅차고 힘겹게 느껴진다면 피하는 것 또한 나 자신을 위한 하나의 방법이 될 수 있다. 그 길이 반드시 나약함이나 패배를 의미하는 것은 아니다. 그러니 '나는 왜 이렇게 나약하지? 왜 부딪쳐 맞서 싸우지 못하는 걸까?' 하고 자책할 필요는 없다. 내 마음이 편한 대로 하면 되는 것이다. 무엇보다 먼저 마음이 편해야 비로소 올바른 생각도 할 수 있으니까. 나는 그랬다.

그렇게 한동안 사람들과 거리를 두고 지내자, 오히려 나와는 아무런 연결 고리도 없고 전혀 다른 길을 걷고 있는 사람들을 만날 기회가 열리기 시작했다. 그리고 그 낯선 만남은 내가 새롭게 찾아낸 작은 숨구멍 같은 존재가 되어 나에게 편안함과 위로를 안겨 주었다.

때로는 맞서 싸우는 것보다 잠시 물러나 숨을 고르는 것이 새로운 인연을 만나고, 몰랐던 세계를 알게 되는 계기가 되기도 한다. 그렇게 나만의 피난처에서 잠시 머물다 보면 내 고민이 결코 나만의 것이 아님을, 내가 그리 불행한 사람이 아님을 깨닫게 될지도 모른다.

그날의 기억

 2020년 12월 8일. 지윤이와 함께 승마를 배우러 가기로 한 날이었다. 밤새 뒤척이다 겨우 얕은 잠이 들었는데, 해도 뜨지 않은 새벽에 모닝콜이 아닌 전화벨 소리가 울렸다. 액정 화면을 보지 않아도 누구일지 짐작할 수 있었다. 정확했다. 예상대로 엄마였다. 평소에도 아침 일찍 전화를 자주 하셔서 약간 짜증이 섞인 목소리로 전화를 받았는데, "일어났어?" 하는 엄마의 목소리가 평소와는 달랐다. 낮고 담담한, 한 번도 들어 본 적 없는 목소리. 순간, '무슨 일이 일어났구나.' 직감적으로 알아차렸다.

 그리고 이어지는 엄마의 이야기.

 시간이 멈춘 듯, 나의 뇌가 멈춘 듯 모든 것이 일시 정지되어 버린 것만 같았다. 몇 초간의 블랙아웃에서 깨어나 정신을 차리고 보니, 내 눈에서는 끊임없이 눈물이 흘러내리고 있었다. 살면서 단 한 번도, 정말 잠깐이라도 상상하지 못했던, 그리고 상상조차 하지 않았던 일이었다. 나는 "어떡해…."라는 말 말고는 다른 어떠한 말도 할 수가 없었다.

오빠가 몇 년 전 쓰러진 뒤로 심장에 문제가 생겼다는 건 알고 있었다. 진단을 받은 후에도 몇 해 동안 병원에 꾸준히 다녔고, 그전처럼 회사에 다니며 평소와 다름없는 나날을 보냈기에 이런 일이 일어날 거라고는 전혀 예상하지 못했다.

엄마는 매년 끝없는 걱정 속에 용하다는 점집을 찾아다니셨다. 오빠에 대해 물을 때마다 점쟁이들은 하나같이 "절대 그런 일은 생기지 않을 거예요."라고 단언했다고 한다. 그리고 나도 모르게 그 말을 철석같이 믿고 있었던 것 같다. 그래도 이건, 정말이지 너무 갑작스러웠다.

담담하게 이야기하는 엄마와 통화를 마친 뒤, 한동안 멍하니 소리 없는 눈물만 흘렸다. 처음 겪는 현실 앞에서 무엇을 어떻게 해야 할지, 어디서부터 시작해야 할지 아무런 생각도 나지 않았다. 한참을 그렇게 울다가 마음을 추스르고 정신을 가다듬었다. 가장 먼저, 함께 승마를 가기로 했던 지윤이에게 전화를 걸었다.

평소처럼 밝은 목소리로 전화를 받은 지윤이에게 "나 오늘 못 갈 것 같아."라고 말하자마자, 나는 어린아이처럼 소리를 내며 울음을 터뜨렸다. 갑작스러운 내 반응에 당황한 지윤이도 자초지종을 듣기도 전에 따라 울기 시작했다. 그도 그럴 것이, 나는 웬만해서는 좀처럼 울지 않는다. 어떤 상황에서도 감정을 잘 참아 내는 편이었다. 그런데 이유도 말하지 않은 채 갑자기 흐느끼는 나를 보며, 지윤이는 다급한 목소리로 물었다.

"무슨 일이야? 나 너무 무서워. 제발, 조금이라도 말해 줘."

걱정하는 지윤이에게 짧은 말이라도 해 주고 싶었지만, 도저히 입 밖으로 어떤 말도 나오지 않았다. 나는 그저 말없이 울기만 했고, 지윤이도 한참을 나와 함께 울어 주었다. 계속해서 "괜찮아? 무슨 일이야?"하고 묻는 지윤이에게 울음과 콧물로 숨이 막히는 와중에도 꾸역꾸역, 한 글자 한 글자 떼어 가며 띄엄띄엄 상황을 설명했다. 하지만 울음 때문이었는지, 막힌 코 때문이었는지, 지윤이는 내가 하는 말을 제대로 알아듣지 못했다. 아니면 그 말이 믿기지 않아서 차라리 잘못 들었다고 생각했을지도 모른다.

몇 번을 반복해 말하고 나서야 지윤이는 마침내 상황을 정확히 이해한 듯했다. 그리고 내가 그랬던 것처럼 "어떡해…."라는 말만 되풀이하며 한동안 나와 함께 울어 주었다.

지윤이와 통화를 마치고 또 다른 친구에게 전화를 걸었다. 정신없고 멍한 상황 속에서 '전화를 해야겠다.'라고 생각하고 누른 것은 아니었다. 그저 무의식적으로 아무 생각 없이 그 친구의 번호를 눌렀고, 어느새 핸드폰을 귀에 대고 있었다. 그런데 신기하게도, 친구는 전화를 받자마자 내 울음소리에 당황한 기색 하나 없이 담담하게 물었다.

"오빠 일이지?"

나는 아무 말도 할 수 없었.
어느 정도 시간이 흐른 후, 나는 그 친구에게 물었다.

"그날, 내가 아무 말도 안 했는데 어떻게 알았어?"

친구는 말했다.

"이른 아침에 전화벨이 울린 것도 느낌이 이상했는데, 핸드폰을 들어 네 이름을 보는 순간, 딱 스치듯 그런 생각이 들었어."

그 이후의 일들은 사실 기억이 잘 나지 않는다. 장례식 내내 잠도 제대로 자지 못했고, 밥 한 끼 제대로 먹지 못한 채 수많은 사람과 인사를 나누다 보니 3일이라는 시간이 순식간에 흘러가 버렸다. 다만, 영안실에서 마지막으로 본 오빠의 모습만은 마치 슬로우 모션처럼 내 머릿속 깊숙이 남아 있다.

평소와는 다른 오빠의 얼굴빛. 꽁꽁 싸여 누워 있는 모습. 그 장면이 여전히 선명하게 떠오른다. 지금도 그 순간을 떠올리면, 오빠가 너무 갑갑해 보여서 가슴이 미어진다.

'슬프다'라는 단어로밖에 표현할 수 없는 이 감정이 답답할 뿐이다. 하지만 어떤 말로도 설명하기 어려운, 복잡하고도 깊은 감정 속에서 가장 가까운 단어를 고르자면 결국 '슬픔'인 것 같다.

이 글을 쓰는 지금도 눈물이 멈추지 않는 걸 보면.

더는 미루지 않기로 했다

 장례식을 치른 후, 처음이자 마지막으로 오빠의 집을 찾았다. 하얀 벽지와 깨끗한 장판이 깔린 내부는 누가 봐도 '방금 이사했구나.' 싶을 만큼 새집의 분위기로 가득했다. 온통 새 가전제품과 생활용품들로 채워진 집 안에는 이제 막 새로운 시작을 해 보려 했던 듯한 아이패드와 아이펜슬, 여러 전자기기들, 그리고 잔뜩 사 둔 음식들이 가득했다.

 갓 독립한 설렘이 묻어 있는 물건들을 바라보자, 오빠가 없다는 사실이 점점 더 현실로 다가왔다. 물건을 정리하다 보니 하나둘씩 오빠의 사진들이 모였고, 그 순간 오빠가 독립하고 나서 했던 말들이 떠올랐다.

 "너무 행복하다. 진작에 독립할 걸 그랬다."

너무나도 행복해하던 오빠의 모습이 어제 일처럼 선명히 떠올랐다. 돈을 조금만 더 모으고 하겠다며 몇 번이나 미루다가 드디어 결심하고 해낸 독립이었다. 그런데 어느 누가 이런 결말을 예상할 수 있었을까. 정말, 그 누가. 참 허무하다.

오빠의 일을 계기로 나는 한 가지를 절절히 깨달았다. 미루지 말자. 사소한 것이든, 큰 것이든, 별거 아닌 것들까지도. 하고 싶은 것이 있다면, 할 수 있을 때 바로 하자. 완벽한 타이밍과 적당한 시기라는 것은 없다. 그리고 그때의 내 시간과 건강은 절대 다시 돌아오지 않는다.

어느 책에서 읽은 한 글귀가 문득 떠올랐다. '어릴 때는 돈이 없어서 여행을 못 가고, 성인이 되어 사회에 나오니 시간이 없어서 여행을 못 가고, 나이가 들면 시간과 돈은 있지만 건강이 없어서 여행을 못 간다.' 쉬는 것을 두려워하던 예전의 내가 스스로에게 되새기며 기억해 온 문장이었다.

갑자기 일이 생길까 봐, 스케줄이 바뀔까 봐. 항상 '다음에, 나중에' 하며 미루다가 결국 가지 못했던 여행과 만나지 못했던 사람들. 그때 여행을 떠났다 한들, 혹은 다른 무언가를 했다 한들 내 인생이 크게 달라졌을까. 무엇이 그렇게 무서웠던 걸까.

'나이가 들어 후회하지 말자.'라는 다짐은, 그날을 계기로 바뀌었다. 건강은 나이에 따라 달라지는 것이 아니니까.

아마도 이런 마음가짐 덕분에 '발리에서 살고 싶다.'라는 생각이 들자마자 바로 실행할 수 있었던 것 같다. 가끔은 이런 생각이 든다. 내가 오빠의 일을 겪지 않았다면 지금처럼 발리에서 살고 있었을까. 애초에 이곳에서 살고 싶다는 생각이나 했을까. 설령 그런 마음이 들었다 해도, 과연 실행에 옮길 수 있었을까.

아마 여전히 똑같이 버티고 기다리며 인내의 고통을 느끼고 있었을지도 모른다. 아니면 버티는 데 성공해 또 다른 찬란한 날들을 보내고 있었을 수도 있다. 하지만 지금, 새로운 곳에서 새로운 삶을 경험하지 못했다고 생각하면 그건 너무 안타깝고 슬프다.

그래서 나는 지금의 선택을 후회하지 않는다. "예전의 생활이 그립지 않아?"라는 친구의 질문에도, 단 1초도 고민하지 않고 대답할 수 있다.

"아니, 난 지금이 좋아."

포기하기가 아닌 놓아주기

　새로운 꿈을 이루기 위해 열심히 노력했지만, 기대와는 다르게 일이 참 안 풀리더라. 정말 '이렇게까지 안 풀릴 수 있나?' 싶을 정도로 말이다.

　보통 이런 시기에는 위로가 되는 에세이나 더 나은 미래를 위한 자기계발서를 찾게 되기 마련인데, 그때의 나도 다양한 책을 읽으며 요동치는 마음을 잡아 보려 애썼다. 하지만 어지럽고 복잡한 마음은 쉽게 가라앉지 않았다.

　그래서 다른 해결책을 찾기로 했다. 나보다 앞서 같은 길을 걸어온 선배님이나 선생님께 조언을 구해 보기로 한 것이다. 기회가 될 때마다 통화를 하거나 직접 만나 이야기를 나눴고, 감사하게도 내 상황에 공감해 주시며 따뜻한 위로와 격려, 그리고 날이 선 현실적인 조언도 아낌없이 전해 주셨다. 그런데 신기하게도, 선배님들이 해 주셨던 조언의 핵심은 모두 같았다.

"버텨라. 끝까지 버티는 자가 이기는 거다. 버티다 보면 반드시 너의 기회가 온다."

나는 그 말을 의지 삼아, 정말 말 그대로 버티고 또 버텼다. 오디션이나 미팅 결과가 좋지 않아도, 부모님의 "이제 그만해도 되지 않겠냐."라는 권유에도, 자신감과 자존감이 바닥을 치고 정신적으로 불안정해도 포기하지 않고 버텼다. 중간중간 배우가 아닌 가수로서의 기회도 있었고, 새로운 일을 해 보자는 유혹 같은 제안들도 있었지만, 배우라는 꿈을 위해 굳건히 버텼다.

그러던 어느 날, 나는 '버티기'를 그만두었다. '버틴다'는 것이 잘못됐거나 틀렸다는 건 아니다. 하지만 나는 더 이상 버티는 것만이 정답은 아닐지도 모른다고 생각했다.

기회가 올 때까지 버티기만 하다가 내일이 없을 수도 있다는 인생의 허무함을 오빠의 일을 통해 간접적으로 겪고 난 뒤 가끔은 놓아줄 줄 아는 것도, 다른 선택을 하는 것도 내 인생을 행복하게 살아가는 방법 중 하나일 수 있겠다는 생각이 들었다. (중요한 것은 '가끔은'이라는 점이다.)

모든 일을 놓아 버리기만 한다면 결국 아무것도 이루어 내지 못한 삶이 될 수도 있다. 하지만 원래의 나는 내 일을 포기하거나 다른 길을 선택하는 것이 스스로에게 지는 것이라 생각했다.

"내가 부족한 걸까?" 하고 자책하기도 했고, "남들이 나를 인내심 없는 가벼운 사람으로 보면 어쩌지?" 하는 불안에 휩싸이기도 했다. 그래서 '이 일이 아닌 다른 일을 해 보고 싶다'는 잠깐의 생각이 들어도 약해지지 말자며 마음을 다잡고, 내 감정과 생각을 억눌렀다.

하지만 내가 말하고자 하는 것은 '포기하기'가 아니라 '놓아주기'가 맞다.

나는 지금도 내가 포기했다고 생각하지 않는다.

나는 나를 위해 놓아주었고, 다른 선택을 한 것이다.

나의 행복을 위해서.

그리고 정말로, 일에 대한 욕심과 기대를 내려놓고 나서 이전에는 상상도 하지 못했던 새로운 삶(발리에서의 삶)

을 찾게 되었다. 지금껏 느껴 보지 못했던 색다른 경험들을 하게 되었고, 다양한 사람들을 만나기도 했다. 제일 중요한 것은 예전보다 질 높은 행복을 더 많이, 더 자주 느끼고 있다는 점이다. '행복은 강도가 아닌 빈도'라고 하지 않나. 정말 맞는 말이다.

나의 오랜 꿈을 이루어 큰 행복을 느꼈던 때도 물론 너무 행복했다. 그렇지만 그것은 짧고 굵은 행복이었다. 행복의 크기가 컸던 만큼 나의 기대와 욕심도 함께 커졌고, 결국 같은 크기의 행복감을 느끼지 못하면 상실감과 불안함이 따라왔다.

하지만 지금, 새로운 삶 속에서 마주하는 작고 소소한 행복들은 아무런 기대와 희망 고문 없이 작은 것에도 감사함을 느끼게 해 준다. 지금에 와서야 드는 생각이지만, 조금 더 빨리 알았으면 좋았을걸 싶다. 그 긴 시간 동안 나는 왜 무작정 버티기만 했을까. 후회가 밀려오기도 한다.

하지만 확실한 것은 내가 버티고 있는 무언가를 포기하고 놓아준다고 해서 내 인생이 끝나거나 망하지는 않는다는 것이다.

오히려 생각지도 못했던, 혹은 알려고도 하지 않았던 새로운 세상을 알게 되고 경험하게 되기도 한다. 그리고 예전 같으면 모르고 지나쳤을 수도 있는, 내가 좋아하는 또 다른 무언가를 발견할 수도 있다.

살면서 힘든 시기가 닥치거나 선택의 갈림길에 섰을 때 한 번쯤은 스스로에게 질문해 보기를 바란다.

혹시 내가 만든 작은 방 안에 나 자신을 가둬 두고 있는 것은 아닐까.

어쩌다 발리

　나의 암흑기는 코로나19 시기와 겹쳐 집 밖으로 나가고 싶지 않았던 내 의지와 딱 맞아떨어졌다. 그래서 굳이 내가 피하지 않아도 코로나라는 이유로 모든 만남이 자연스럽게 제한될 수밖에 없었다. 상황이 나아져 집 안에서 만남이 가능해졌을 때도 내 집에 놀러 오는 사람은 극히 소수였는데, 그중 가장 많이 찾아온 사람은 7년 동안 함께 활동했던 포미닛 멤버, 지윤이었다.

　같은 팀 멤버이기도 했지만, 동갑이어서인지 힘든 이유와 시기가 서로 비슷했다. 우리는 서로를 위로하고 함께 힘을 내며 자라 온 사이였다. 2022년, 나도 힘든 시간을 보내고 있었고 지윤이도 또 다른 이유로 지쳐 있었기에 자주 만나 속이야기를 나누며 "내년에는 좋은 일만 가득할 거야."라고 서로를 격려하며 한 해를 마무리했다.

2023년이 되고 얼마 지나지 않아, 지윤이가 여행을 가자고 제안했다. 우리에게는 쉼이 필요하다면서 말이다. 당시 나는 무기력에 휩싸여 아무런 의지도, 바람도 없었기에 어디를 가든 상관이 없었다. 그렇게 지윤이가 가고 싶어 하던 휴양지 중 한 곳인 '발리'로 여행지가 정해졌다.

원래의 나였다면 누구보다 열정적으로 계획을 세웠을 텐데, 그때의 나는 의욕조차 없어 그저 지윤이가 잡아 이끄는 대로 따라갔다. 그날 바로 비행기표를 예매했고, 숙소까지 일사천리로 정해졌다.

발리로 떠날 날이 다가올수록 어딘가로 떠난다는 설렘이 생겼는지 잠시 무기력에서 벗어나 발리에 대해 하나둘 찾아보기 시작했다. 알아보기 시작하자 하고 싶은 것도, 먹고 싶은 것도 끝없이 생겨났다. 그러다 보니 어느새 구글 맵 속 체크 포인트는 셀 수 없이 많아져 있었다.

2023년 5월, 내 생일이 지나고 며칠 후 마침내 발리로 떠나는 날이 되었다. 전날까지도 불면증과 폭식증으로 힘들어하던 나는 무거운 몸을 이끌고 겨우 공항으로 향했다. 이제 와서 솔직한 심정을 털어놓자면, 만약 혼자만의 여행이었거나 지윤이와 함께하지 않았다면 아마 취소하고 다시 집으로 돌아갔을지도 모른다. 아니, 애초에 집을 나설 생각조차 하지 않았을 것이다.

공항에 도착해 지윤이를 만나 비행기를 타고 7시간을 날아 발리에 도착했을 때까지도 같은 마음이었다. 이미 다음 날 새벽이었고, 우리는 공항 근처 호텔에서 잠을 청했다. 조식을 먹을 때까지도, 첫 번째 일정이 시작되기 전까지도 나의 무기력함은 좀처럼 사라지지 않았다. 지윤이에게 피해가 될까 봐 수없이 많은 걱정과 생각이 오갔다.

그러다 시작된 발리에서의 첫 번째 일정. 오랜 시간 팀 생활을 함께해 온 우리는 여행하는 동안 공평하게 하루씩 번갈아 가며 서로가 원하는 일정을 정하기로 했다.

첫 번째 일정은 내가 가고 싶어 했던 'Hidden Canyon'. 발리의 구왕 마을에 위치한 신비로운 협곡에서 자연의 경이로움과 아름다움을 직접 느끼고 탐험하며 트래킹할 수 있는 곳이었다. 현지 가이드의 안내를 따라 물속을 건너고 큰 바위를 기어올라야 하는 스릴 넘치는 코스. 자연을 좋아하고 모험을 즐기는 나에게는 꼭 해 보고 싶었던 일정 중 하나였다.

일정을 소화하는 내내 오랜만에 '즐겁다'는 기분을 느꼈다. 나도 모르게 마음이 들뜨고 신이 났고, 그제야 '내가 진짜 발리로 여행을 왔구나.' 하는 실감이 났다. 그리고 앞으로 남은 일정도 너무 기대되기 시작했다.

설렘 가득한 첫 일정을 마치고 우리는 우붓Ubud으로 이동했다. 유명하다는 식당과 카페를 들르고, 시장도 구경하며 열심히 돌아다녔다. 언제 '무기력함'이라는 단어가 사라져 버렸는지도 모를 만큼.

다음 날은 지윤이가 하고 싶어 했던 스노클링을 하러 갔다. 결론만 말하자면, 스노클링도 내가 더 신나게 즐겼다. 정작 기대했던 지윤이는 뱃멀미가 심해 대부분 배에서 쉬기만 하다 끝이 나 버렸다. 발리에서의 이튿날도 아침부터 물놀이를 했다는 사실조차 잊을 만큼 저녁까지 쉴 새 없이 여행을 즐겼다.

그다음 날 일정은 새벽 3시에 시작되었다. 킨타마니Kintamani 지역의 바투르산Batur에서 일출을 감상하는 지프 투어였다. 오랜 시간 불면증으로 잠을 잘 이루지 못했던 나에게는 전혀 힘들지 않은 일정이었지만, 평소 건강한 수면 습관을 지닌 지윤이에게는 정말 고된 일정이었다. 그때 피곤한 기색이 역력하던 지윤이의 얼굴을 아직도 잊지 못한다. 그렇게 깜깜한 밤하늘 아래 수많은 별을 보며 지프차를 타고 산을 올랐다. 험난한 비포장도로를 달리는 동안 우리는 이리저리 뒹굴었고, 손에 잡히는 것은 온 힘을 다해 붙잡으며 목적지로 향했다.

"발리로 쉼을 위한 여행을 온 줄 알았는데, 전지훈련을 하러 온 것 같아."

지윤이의 말에 서로 박장대소하며 끝나지 않을 것 같던 길을 지나 마침내 목적지에 도착했다. 그리고 곧이어 시작된 추위와의 싸움. 후기에서 춥다는 이야기를 많이 봤던 터라 긴소매 티셔츠에 바람막이까지 챙겨 입었지만, 그것만으로는 역부족이었다. 차 안에 히터가 없는 것은 물론이고, 뒷부분이 뚫려 있어 내부에서도 추위를 피할 수 없었다. 우리는 일출을 기다리는 내내 추위 속에서 덜덜 떨며, 해가 빨리 떠오르기만을 바랐다.

그리고, 마침내.

눈앞에 펼쳐진 일출.

순간, 모든 추위를 잊을 만큼 눈부시게 아름다웠다. 일출을 배경 삼아 지윤이와 사진을 찍고 이런저런 이야기를 나누던 그 시간은 평생 잊지 못할 우리만의 추억이 되었다.

이후에도 계속된 일정들. 래프팅까지 마친 후, 우리는 깨달았다.

"좋은 호텔은 신혼여행 때 가자."

우리에게 좋은 호텔은 단순히 '잠만 자러 들어가는 곳'이었다. 전지훈련 같은 일정을 마치고 남은 이틀은 조금 더 여유롭게 보내기로 했다. 짱구Canggu, 스미냑Seminyak, 꾸따Kuta 지역을 돌아보며 느긋하게 구경하고, 맛있는 음식을 먹으며, 같은 시기에 발리에 머물고 있던 지인들도 만났다. 그렇게 6일간의 여행을 마치고 우리는 한국으로 돌아왔다.

나의 첫 발리 여행. 그것은 내 인생에서 절대 잊지 못할, 너무나도 특별한 시간이었다. 이 글을 통해 지윤이에게 고맙다는 말을 꼭 전하고 싶다.

"지윤아, 네가 아니었으면 지금의 나도, 지금의 발리 생활도 없었을 거야."

두 달 살기 D-28

 2023년 6월 1일, 발리에서의 여행을 마치고 한국으로 돌아왔다. 그리고 6월 29일, 나는 다시 발리로 가는 비행기에 몸을 실었다. 발리에서의 두 달 살기를 위해서.

 첫 발리 여행을 마치고 돌아오자마자 '다시 발리로 가고 싶다.'라는 생각이 폭풍처럼 밀려들었다. 현실에 발을 들이면서 다시 시작된 폭식증과 불면증도 큰 이유 중 하나였지만, 무엇보다 발리에서 느꼈던 편안함과 자유로움을 다시 한번 느끼고 싶었다. 그렇게 나는 곧바로 발리에서의 두 달 살기를 위한 준비를 시작했다.

 가능한 날짜의 항공편과 숙소부터 알아본 후, 부모님과 주변 친구들에게 내 계획을 전했다. 처음 이야기를 들은 이들은 '오랜만에 갔던 해외여행의 여운에서 아직 벗어나지 못했구나. 그냥 하는 말이겠지.'라며 가볍게 생각했던 것 같다. 하지만 약 4주 뒤, 내가 다시 발리로 떠나려 할 때 모두가 "진짜 가는 거야?" 하고 되물었던 걸 보면 그저 흘려들은 말은 아니었음을 알 수 있다.

나를 평생 봐 온 부모님도, 오랜 시간을 함께해 온 친구들도 갑자기 불도저처럼 밀어붙이는 나를 보며 "무엇이 가윤이를 이렇게까지 변하게 만든 걸까?" 궁금해하기도 하고, 걱정스러워하기도 했다. 사실 나의 행보에 놀란 건 부모님과 친구들만이 아니었다. 스스로도 마찬가지였다.

발리로 떠날 준비를 하면서도 머릿속에서는 '내가 미쳤나?' 하는 생각이 끊임없이 들었다. 무엇이든 혼자서 하는 걸 좋아하지 않았던 내가, 혼자 국내 여행조차 해 본 적 없던 내가, 심지어 혼밥도, 혼자 카페에 가는 것도 해 본 적이 없던 내가 아는 사람 하나 없는 해외에서 홀로 두 달 살기를 준비하고 있다니. 스스로 생각해도 미친 것 같은 파격적인 행보였다.

그렇지만 발리로 다시 가고자 하는 나의 의지는 어느 누구도, 어떤 이유로도 막을 수 없었다. 두 달 동안 어디를 갈지, 무엇을 할지는 미리 정하지 않았다. 처음 머물 곳만 정해 둔 채 이후의 일정은 상황에 따라 마음이 가는 대로 정할 생각이었다. 나의 두 달 살기 목표는 단 하나, '편안함과 자유로움을 마음껏 느끼며 새로운 경험을 많이 하는 것.' 그리고 두 달이 지나 돌아왔을 때 아무런 후회 없이 마음껏 즐겼다고 말할 수 있기를 바랐다.

첫 일주일은 공항에서 가까운 꾸따Kuta 지역에서 지내기로 했다. 꾸따에서 어떻게 일주일을 보내면 좋을까 고민하며 이것저것 찾아보다가 결정한 것이 바로 서핑이었다. 사실 서핑이 정말 하고 싶어서라기보다는, 아무리 찾아봐도 꾸따에서 내가 할 수 있는 게 서핑 말고는 없었기 때문이다.

서핑은 예전에 방송 촬영을 위해 한 번 배운 적이 있었다. 그때 들었던 생각은 '몇 초를 즐기려고 왜 이 고생을 하는 거지?'였다. 그래도 발리에서 배우는 서핑은 뭔가 다르지 않을까. 또 내가 언제 발리 바다에서 서핑을 해 볼 수 있을까 싶은 마음에 용기를 내어 다시 도전해 보기로 했다.

고민이 길어지기 전에, 또 혼자 머릿속에서 망설이다가 포기해 버리기 전에 곧바로 '발리 꾸따 서핑'을 검색했다. 그리고 가장 상단에 나오는 한인 서핑 캠프를 선택해 바로 등록했다. 그것도 무려 6일이나. 이미 하기로 마음먹은 이상, 꾸따에 머무는 동안은 서핑이라는 새로운 운동에 전념하기로 결심했다.

내가 두 달 살기를 시작하기 전 준비한 것은 딱 여기까지였다. 그리고 그렇게 떠난 나의 두 달 살기는 긴 설명이 필요 없을 정도로 너무 좋았다. 특별한 계획이나 정해진 목적 없이 흘러가는 대로 머물렀던 지역들과 그곳에서 묵었던 숙소, 만났던 사람들, 먹었던 음식 등 모든 것들이 나의 두 달을 더욱 특별하게 만들어 주었다. 괜히 모든 것이 운명처럼 느껴지기도 했고, 나와 인연이 닿아 있는 곳이 아닐까 하는 생각도 들었다.

한 번쯤은 편하고 익숙한 환경을 벗어나 새로운 환경에서 홀로 여행하며 잠시 지내보는 것도 좋은 경험인 것 같다. 요즘 유행하는 여행지나 누군가가 좋다고 추천한 곳이 아니라, 내가 진짜 가고 싶은 곳에 가서 내가 원하는 방식대로 살아 보는 것.

가끔은 누구의 눈치도 보지 않고 오롯이 나에게만 집중하며 관심을 가져 보는 시간이 필요하다. 의지할 사람 하나 없이 모든 것을 혼자 결정하고 헤쳐 나가는 그 과정에서 나조차도 미처 몰랐던 내 안의 담대함과 용기를 마주하게 된다.

처음 한 번이 어려운 것이 아니라, 첫 시작이 어려울 뿐이다. 무슨 일이든 시작은 참 어렵지만, 일단 시작만 해낸다면 그다음부터는 자연스럽게 흘러간다.

내 평생 취미

6일간의 첫 발리 여행에서는 발리 사람들의 친절함과 순수함이 좋았다. 그 안에서 느낀 편안함과 자유로움도 좋았다. 그리고 한 달 뒤, 다시 온 발리에서는 전혀 예상하지 못했던 서핑의 매력에 푹 빠져 버렸다.

나는 두 달 살기의 첫 6일을 서핑으로 시작했다. 서핑에 대한 기대보다는 나 홀로 발리에 와서 서핑을 하러 가야 한다는 떨림만이 가득했다. 사실 나는 서핑을 잘하는 편이 아니었다. 그런데도 재미있었다. 보통은 소질이 없거나 잘하지 못하면 흥미가 생기기 어려운데, 이상하게 서툰데도 재미와 흥미를 느꼈다.

온몸으로 느껴지는 파도와 바람의 소리, 피부에 닿는 촉감, 그리고 서프보드 위에 둥둥 떠 있는 감각. 그때의 기분과 냄새까지, 정말 모든 것이 좋았다. 그중에서도 제일은 파도에 밀려 보드 위에서 일어나 미끄러지듯 파도를 타고 내려가는 그 느낌이었다. 마치 어릴 적 구름을 타고 날고 싶던 꿈이 이루어진 것처럼. 심지어 나는 수영을 못하는데도 더 넓고 깊은 바다로 나아가 더 큰 파도를 타고 싶다는 호기심과 욕심이 생기기도 했다.

6일이면 충분하다 못해 너무 길지 않을까 내심 걱정도 됐지만, 예상과 달리 6일이라는 시간은 꿈을 꾼 것처럼 순식간에 지나가 버렸다. 새로운 지역으로 떠난다는 설렘보다 더는 서핑을 할 수 없다는 아쉬움이 마음을 가득 채웠다. 결국 3주 동안 다른 지역을 여행한 뒤, 다시 꾸따 지역으로 돌아왔다. 정말 다른 이유 없이, 오로지 서핑이 하고 싶어서.

다시 돌아와 달라진 점이 있다면, 이번에는 한인 서핑 캠프가 아닌 현지 코치에게 1:1로 배우기 시작했다는 것이다. 발리에 오기 전, 내가 한인 서핑 캠프를 선택한 이유는 단 하나였다. 의사소통이 원활하지 않아 내가 제대로 이해하지 못하고, 그로 인해 혹시 사고라도 나면 어쩌나 하는 걱정 때문이었다. 하지만 혼자 떠난 한 달간의 여행을 통해 대화는 어떤 방식으로든 통하게 되어 있다는 것을 몸소 느끼고 나서는 직접 부딪히며 배워 보기로 결심했다.

사실 크게 달라진 것은 없었다. 그래도 다른 점이 있다면, 이제부터는 어떤 일이 생기더라도 기대거나 의지할 사람 없이 나 혼자 헤쳐 나가야 한다는 사실 하나뿐이었다. 그렇게 남은 한 달은 꾸따 지역에서 이동하지 않고 지내기로 마음먹었다.

오전에는 서핑을 배우고, 수업이 끝나면 서핑을 통해 친해진 분들과 현지 맛집을 찾아가거나, 재미있는 곳이 있다고 하면 함께 놀러 다니며 이곳저곳을 구경하기도 했다. 마지막 한 달은 여행이 아니라, 정말 발리에서 살아 보는 시간을 온전히 즐겼던 것 같다.

두 달 살기 동안 방문했던 맛집과 장소들은 지금까지도 발리를 여행하는 친구들에게 추천하는 곳들이 되었다. 내가 알고 있는 대부분의 유용한 정보들은 아마 서핑을 하며 만난 분들이 알려 준 것들일 것이다.

나의 두 달 살기를 돌아보면, 서핑을 시작으로 정말 많은 것들이 변화했다. 서핑을 통해 새로운 즐거움을 알게 되었고, 좋은 사람들을 만나기도 했다. 처음 6일 동안 함께 서핑을 하며 친해진 분들과는 여전히 좋은 인연을 이어 가며 잘 지내고 있다. 가끔씩 발리에 다시 올 때마다 만나기도 하고, 이제는 상황이 바뀌어 내가 새로 발견한 현지 맛집을 소개해 주기도 한다.

만약 일정이 맞지 않아 따로 보지 못하더라도, 서핑을 하면 무조건 바다에서 만나게 되는 것도 서핑만이 주는 혜택이다. 정말이지 서핑 덕분에 더 다양하고 뜻깊은 두 달을 보낼 수 있었고, 나아가 발리에서의 삶까지 꿈꾸게 되었다.

두 달간의 발리 살이를 마치고 나서 '내 평생 취미가 서핑이면 어떨까?' 하는 상상을 하며, 서핑을 하고 살아가는 인생을 그려 보기도 했다. 매일 파도를 체크하고, 그날 좋은 파도가 있는 바다로 서프보드만 챙겨 들고 나서는 쿨하고 멋진 내 모습도 마음에 들었지만, 그보다 더 좋았던 건 자연과 함께하는 순간들이었다.

답답한 실내에서 기계적으로 반복하는 운동이 아닌, 햇빛 아래서 바닷물 속 생명체들을 보고 느끼며 자연과 어우러지는 서핑이야말로 그 무엇보다도 나에게 딱 맞는 취미라 생각했다. 그리고 지금, 여전히 서핑은 너무 재미있고 발리 생활 속 나의 소중한 취미가 되었다. 아마 '매일 서핑을 하고 싶어서 발리에 사는 것'이라고 할 정도로 말이다.

요즘은 이런 취미가 있다는 사실만으로도 참 행복한 사람이라 느낀다. 예전에는 딱히 취미도 없었고, 굳이 꼭 있어야 하나 싶기도 했었다. 돌이켜 보면, 어릴 적 즐기던 취미가 직업이 되면서부터 따로 취미 생활을 하지 않았던 것 같다. 또 다른 취미가 생겨도 결국 일과 연결되거나, 가만히 생각해 보면 진짜 취미가 아니기도 했다.

일과는 무관하게, 오롯이 나만의 취미 생활로 처음 시작한 것은 멤버 소현이의 권유로 접하게 된 승마였다. 하지만 승마는 하러 가는 거리도 멀었고, 말이라는 동물과 함께해야 하는 활동이다 보니 내가 하고 싶을 때마다 즐길 수 있는 취미라기보다는 가끔씩 찾아가 체험할 수 있는 특별 활동처럼 느껴졌다.

그런 점에서 서핑은 서프보드만 있으면 언제든 할 수 있다는 점이 좋았다. 한 장소에 국한되지 않고 여러 바다에서

할 수 있다는 것도 좋았다. 바다마다 물의 온도와 색, 파도의 모양과 방향이 모두 다르다는 것도 너무 신비로웠다.

혼자 하는 운동이지만 바다 위에 함께 떠 있다 보면 금세 친구가 되기도 하고, 서로를 향한 양보와 배려가 넘치는 것도 좋았다. 실제로 나는 서핑이라는 취미를 갖기 전과 후로 많은 것들이 달라졌다. 그리고 서핑이라는 취미 하나가 건강은 물론, 나의 삶 전체에 좋은 영향을 주고 있다고 믿는다.

그리고 이제는 왜 취미 생활이 필요한지 그 이유를 명확히 알게 되었다. '잘 맺은 인연 하나가 열 인연 부럽지 않다.'라는 말처럼, 친구를 따라 하거나 유행을 좇는 것이 아니라 정말 내가 좋아하고 평생 즐길 수 있는 진정한 나만의 취미를 찾는다면, 그 한 가지가 열 가지보다 더 큰 만족을 안겨 줄 것이다. 분명히.

나는 발리에서 살기로 했다

두 달 살기를 끝내고, 나는 확신이 들었다. 나의 행복은 발리에 있다고. 발리에서 새롭게 잘 살아 보고 싶다고 말이다. 오래 생각하고 고민할 필요도 없었다. 나는 한국에서의 모든 것을 정리하고 발리에서 살기로 결심했다.

두 달 살기를 마치고 한국으로 돌아와 제일 먼저 한 일은 부모님을 찾아뵙는 것이었다. 그리고 정말 오랜만에 부모님과 진지하고 깊은 대화를 나누었다. 지금까지 혼자 마음속에만 담아 두었던 생각들과 나의 결정, 그리고 그 이유까지 솔직하게 말씀드렸다. 예상했던 대로 부모님은 당연히 반대하셨다. 여자 혼자 발리에 가서 산다는 것도, 갑작스럽게 이런 결정을 내렸다는 것도 처음 듣는 부모님 입장에서는 쉽게 받아들이기 어려우셨을 것이다. 두 달 살기도 충분히 이해하기 힘드셨을 텐데 아예 발리에 가서 살겠다고 하니…. 게다가 이 모든 것이 불과 첫 여행을 다녀온 지 3개월 만에 빠르게 진행된 일이었다. 지금의 내가 생각해 봐도 당황스러울 수밖에 없는 전개였다.

그날의 대화 이후에도 우리는 수없이 많은 대화를 나누었고, 많이 다투기도 했다. 실제로 발리로 떠나기 전날까지도 엄마와는 완전히 풀지 못한 채 비행기를 탔었다. 물론 아빠도 반대하셨다. 그래도 감정적으로 받아들이지 않으셨던 아빠에게는 정말 솔직한 나의 이야기를 전할 수 있었다.

"아빠, 나는 오빠만 생각하면 인생이 너무 허무하게 느껴져. 그리고 오빠도 정말 많이 후회했을 것 같아. 본인이 그렇게 될 줄은 몰랐을 테니까. (내 기억 속 오빠의 20~30대는 온통 일과 회사 생활뿐이었다.) 오빠의 일을 겪으면서 나는 내일 죽어도 후회 없는 삶을 살아야겠다는 생각이 계속 들어. 나도 정말 열심히 살았잖아. 내 꿈을 이루기 위해서, 그리고 이루고 난 이후에도 말이야. 아빠도 옆에서 다 지켜봤잖아. 그런데 아무리 성공하고, 아무리 돈을 많이 벌어도 어느 날 갑자기 내 인생이 끝난다면 나에게 남는 건 후회밖에 없을 것 같아. 이제는 일과 성공만을 좇으며 살기보다는 진짜 나의 행복을 좇으며 살고 싶어. 그리고 발리에서는 그렇게 살 수 있을 것 같아. 예전에는 왕자와 거지 중 왕자처럼 살기를 꿈꿨다면, 지금은 행복한 거지가 되어도 좋을 것 같아."

나의 이야기를 듣고 아빠도 몇 날 며칠을 깊은 생각에 잠기셨던 것 같다. 그리고 얼마 후, 짧지만 많은 의미가 담긴 답변을 주셨다.

"발리 가서 잘 지내다 와."

그 말을 듣고 집으로 돌아와 혼자 많이 울었던 기억이 난다. 기뻐해야 하는데 눈물이 멈추지 않았다. 분명 아빠도 내가 발리로 가는 걸 원치 않으셨을 것이다. 그저 딸을 위해 져 주신 것 같아 감사하면서도 죄송한 마음이 동시에 밀려왔다. 나도 발리에서 살기로 한 결정에서 가장 마음에 걸렸던 건 부모님이었다. 죄송한 마음이 컸지만 언제까지 가족 모두가 슬픔에 갇혀 살 수는 없다고 생각했다. 나부터라도 행복을 찾아 밝은 모습으로 살아가는 모습을 보여드리면 엄마, 아빠도 서서히 슬픔을 잊고 다시 새로운 행복을 찾게 되시리라 믿었다.

갑작스럽게 내린 결정으로 인해 집도, 차도, 그 외 여러 가지 많은 것들을 정리하지 못한 채 발리로 떠나왔다. 그리고 발리에서 지내며 천천히 하나씩 정리를 해 나갔다. 당연히 한국에서의 정리는 부모님이 많이 도와주셨다. 어느 날은 엄마에게 연락이 왔다. 곧 비워야 할 짐을 체크해야 해서 내가 없는 집에 혼자 다녀오셨는데, 체크는커녕 혼자 울기만 하다 돌아오셨다고 했다.

"이 집에서 너 혼자 힘들어했을 걸 생각하니까 너무 눈물이 나서 혼났다. 얼마나 괴로웠으면 몇 년을 잠도 못 자고 살았을까. 얼마나 지친 마음을 풀 곳이 없었으면 폭식증이라는 병까지 겪었을까. 마음이 너무 아팠다."

엄마의 말을 듣고, 발리에 가서 행복하냐는 질문에 나도 눈물이 터져 나올 것만 같았다. 그래서 간신히 꾹 참고 말했다. "엄마, 아빠도 발리로 와! 우리 다 같이 발리에서 행복하게 살자." 정말 진심이었다. 부모님만 괜찮으시다면 정말로 그렇게 하고 싶었다.

부모님에 대한 미안함과 걱정을 제외하고는, 나의 결정에 대해 어떠한 미련도 후회도 들지 않았다. 갑작스러운 나의 발리살이 결심은 많은 사람들에게도 놀라움을 안겨 준 것 같았다. 연락을 준 모든 이들이 나의 결정이 아무나 할 수 없는 쉽지 않은 선택임을 알기에 그렇게 모든 것을 내려놓고 떠나는 용기가 대단하다며 응원의 문자를 보내 주었다. 그리고 그런 결정을 내릴 수 있다는 것이 부럽다는 말도 참 많이 들었다.

나는 누구나 나와 같은 선택을 할 수 있다고 생각한다. 우리는 모두 자신의 인생을 스스로 결정할 선택권을 쥐고 있으니까. 아빠에게 왕자와 거지의 이야기를 빗대어 말했지만, 나는 환경의 편안함 대신 마음의 편안함을 선택한 것뿐이다. 그리고 나는 후회하지 않는다. 한국에서의 모든 것을 정리하고 발리라는 먼 타지에서 살고 있는 지금이 너무 편안하고 행복하다.

실전 비우기

발리에서의 내 삶이 언제까지일지는 아직 알 수 없다. 정확한 날짜도, 정해진 계획도 없다. 하지만 이곳에서는 특별하지 않은 소박한 삶을 살고 싶었다. 서울에서의 삶과는 달리, 복잡하지도 불편하지도 않게 말이다. 외적으로든, 내적으로든 미니멀 라이프를 살아 보고 싶었다. 그리고 다시 0에서 시작할 수 있는 이 기회를 놓치고 싶지 않았다.

숙제, 청소, 그리고 다이어트에는 공통점이 있다. 미루고 쌓아 두면 나중에 더 많은 시간과 더 큰 노력을 들여야 한다는 점이다. 무언가를 계속 미루기만 하면 결국 감당할 수 없을 만큼 정리하기도, 변화하기도 어려워진다. 발리에서의 새로운 시작과 함께, 나는 마음과 머리, 집과 삶까지 모든 것을 디톡스하듯 정리하고 싶다는 생각이 들었다. 이전처럼 '다음에', '나중에' 하며 미루지 않고 바로 실행하고 싶었다. 그렇게 나는 비우기 연습이 아닌 실전 비우기를 발리살이와 동시에 시작하게 되었다.

실전 비우기를 시작하는 데 있어 꼭 거쳐야 할 것은 나를 내려놓는 일이었다. 우선 나 자신부터 모두 내려놓아야 실전 비우기가 가능했다. 내가 가지고 있던 나만의 제한을 없애야 했고, 무엇이든 받아들이고 할 수 있는 상태가 되어야 했다. 나에게 조금이라도 제한이 남아 있다면 그 어떤 것도 비울 수 없었다.

처음부터 한 번에 내려놓는 일은 당연히 쉽지 않았다. 하지만 몇 번의 반복과 실패를 거치며 조금씩 깨달아 가는 과정에서 내려놓는 데 걸리는 시간이 점점 짧아졌다. 그리고 삶의 터전을 발리로 바꾼 것이 나에게는 실전 비우기에 큰 도움이 되었다.

아무도 나라는 사람이 누구인지, 어떤 사람인지 모르는 이 새로운 곳에서 0에서 다시 시작한다는 것은 정말 좋은 기회이자 놓쳐서는 안 될 마지막 기회이기도 했다. 나를 이미 알고 있는 사람들에게 나의 변화를 보여 주는 것보다, 나에 대해 아무것도 모르는 사람들에게 "나는 이런 사람이에요."라고 보여 주는 것이 더 어렵지 않았다.

한 인터뷰에서 발리로 이주한 뒤 가장 좋은 점이 무엇이냐는 질문을 받았을 때, 나는 "아무도 나를 모르는 곳이어서 좋았어요."라고 답한 적이 있다. 그 영상에는 '한국에서도 아무도 모를 테니 걱정 말고 살아도 된다.'는 댓글들이 달려 있었다. 하지만 내가 말한 의도는 '연예인 허가윤'이 아닌, '인간 허가윤'에 대한 것이었다.

나를 오래 봐 왔고, 누구보다 더 잘 알고 있는 가족과 주변인들에게 '원래의 나'에 대한 생각과 편견, 그리고 선입견을 깨고 새로운 모습을 보여 주는 것은 그 무엇보다 어려운 일이라고 생각한다. 이미 나에 대한 모든 것이 그들의 머릿속과 감정 속에 녹아 있으니 말이다. 그래서 나에 대한 아무런 정보도, 관심도 없는 이곳 발리가 좋다고 말했던 것이다. 그리고 그 말은 정말 사실이었다.

발리에 와서 사귄 친구들은 모두 나를 있는 그대로, 눈앞에 보이는 모습 그대로 봐 주었다. 이미 나를 잘 알고 있는 가족과 주변 사람들에게는 새롭고 때로는 놀랍게 보일 나의 모습들이, 그들에게는 그냥 '나' 그 자체였다. 그래서 굳이 달라진 이유나 계기를 설명할 필요도 없었고, 그들이 이상하게 여길 일도 없었다.

발리살이의 시작과 함께 시작된 실전 비우기는 예상보다 훨씬 순탄하게 진행되고 있다. 나의 마음과 머릿속, 집과 삶도 모두 이전과는 다르게 한결 깨끗하고 편안하다. 발리에 오기 전에는 한 번도 느껴 본 적이 없을 만큼.

실전 비우기는 이제 나의 삶에서 꾸준히 유지해 나가야 하는, 끝이 없는 수행과도 같다. 앞으로 펼쳐질 나의 삶 속에서 외적·내적 건강을 위해서도 꼭 필요한 수행 말이다.

OTT와의 단절

코로나 시절, 어떻게 시간을 보냈는지 떠올려 보면 거의 넷플릭스와 유튜브만 보며 지냈던 것 같다. 팬데믹이 끝난 후에도 넷플릭스와 유튜브는 여전히 내 생활에서 떼어 놓을 수 없는 일부가 되었다. 이동 시간에도, 무언가를 기다릴 때도, 일어나서도, 잠들기 전에도, 일을 하거나 약속이 있어 누군가를 만나는 시간을 제외하고는 대부분의 시간을 영상으로 채웠던 것 같다.

영화가 아닌 시리즈물 같은 경우에는 한번 시작하면 한 작품을 끝낼 때까지 집 밖으로 나가지 않는 날도 많았고, 불면증으로 잠을 이루지 못했던 수많은 밤도 수많은 영상과 함께 뜬눈으로 지새웠다. 넷플릭스와 유튜브가 없었다면 그 긴 시간을 무엇으로 채웠을까 싶을 만큼, 나에게는 오랜 시간을 함께한 친구이자 가족이었다.

친구들을 만나면 꼭 빠지지 않는 대화 주제이기도 했다. 각자 본 작품에 대해 이야기하며 대화의 꽃을 피우고, 서로 재미있게 본 영상을 추천해 주었다. 가끔은 다 같이 모여 맛있는 배달 음식을 먹으며 새로 공개된 영화를 보는 즐거운 시간을 보내기도 했다.

그렇게 시간이 흘러, 어느 날. 한국에서 발리로 놀러 온 친구와 오랜만에 근황 이야기를 나누고 있었다.

"너 요즘 뭐 봐? 재미있게 본 거 있어?"

그 순간 깨달았다. 발리에 오고 나서 넷플릭스도, 유튜브도 보지 않고 있다는 것을. 한때는 영상 속에 갇혀 살다시피 했던 내가 이제는 영화도, 드라마도, 다른 영상들도 거의 찾지 않고 있었다.

"왜 안 봐?"

친구의 질문에 나는 이렇게 답했다.

"딱히 봐야겠다는 생각을 한 적이 없었어. 그냥 나도 모르게 잊고 살았던 것 같아."

사실이었다. 발리 생활을 시작한 이후로 넷플릭스나

유튜브를 '보고 싶다'거나 '봐야겠다'고 생각한 적이 없었다.

대체 무엇이 달라진 걸까. 무엇이 이렇게 나를 바꾼 걸까.

생각해 보면 답은 하나뿐이었다. 그 무엇보다 재미있고 궁금했던 넷플릭스와 유튜브보다 지금 이 순간의 내 삶이 더 흥미롭다는 것.

현재 발리에서 보내는 모든 순간이—서핑하는 것, 새로운 친구들을 만나는 것, 새로운 언어를 배우는 것, 그리고 새로운 관심 분야를 공부하는 것—그 어떤 작품이나 영상보다 훨씬 더 재미있었다.

친구가 신기하다는 듯이 되물었다.

"아무 영상도 안 봐? 그나마 최근에 본 것도 없어?"

최근에 본 영상이 무엇이 있나 생각해 보니, 헬스장에서 유산소 운동을 할 때 틈틈이 보는 서핑 관련 영상뿐이었다. 서핑을 하면서 궁금했던 점에 대한 교육 영상이나, 나보다 훨씬 잘하는 사람들, 혹은 프로 선수들의 서핑 영상을 보는 것이 전부였다.

예전처럼 영상을 많이 보지 않게 되면서 자연스럽게 핸드폰을 사용하는 시간도 눈에 띄게 줄었다. 인터넷이 안 되면 불안해하던 그때의 나와는 달리, 지금은 인터넷이 끊겨도 모를 만큼 핸드폰 사용량이 확연히 줄어들었다.

이전에는 직업과도 밀접한 관련이 있다 보니 영화관에도 자주 갔고, OTT로 영화와 드라마도 참 많이 봤었다. 유튜브에서는 내가 가지 못하는 여행지나 다른 직업을 가진 사람들의 소소한 일상 브이로그, 아기들이 나오는 영상, 유튜브 예능 등 다양한 콘텐츠를 보며 대리 만족을 느끼고, 간접 경험을 통해 행복해하던 시절도 있었다. 그런데 지금은 모든 것이 옛날 옛적의 이야기가 되어 버린 것 같다.

지금은 발리에서의 생활 말고는 아무것도 궁금하지 않다. 그저 나의 오늘이, 나의 내일이, 나의 삶이 어떻게 흘러갈지—그것이 제일 궁금하다.

두 번째 우기

발리의 우기는 우리나라 장마와는 조금 다르다. 하루 종일 비가 내리지는 않지만 종잡을 수 없을 만큼 많은 양이 쏟아졌다가 금세 쨍쨍한 햇빛이 비치고, 그러다 또 갑자기 천둥번개가 치면 비가 내리다가, 다시 언제 그랬냐는 듯 예쁜 하늘이 찾아온다.

발리에서 보낸 첫 번째 우기는 대체로 내가 자고 있는 새벽 시간에만 많은 비가 쏟아졌다. 활동을 시작하는 오전이 되면 비가 그치고 해가 비치는 아주 착한 우기였다. 그런데 두 번째로 맞이한 이번 우기(2024년 11월부터 2025년 2월)는 이상하게도 우리나라 장마처럼 하루 종일 비가 내리는 날이 많았다. 그래서 매일 날씨와 눈치 싸움을 하듯 비가 잠시 그친 틈을 타 나갔다가 쫄딱 젖기도 했고, 운이 좋은 날에는 집에 들어오자마자 거짓말처럼 쏟아져 내리기도 했다.

온종일 비가 오는 날이면 어쩔 수 없이 집 안에서만 시간을 보내야 했고, 그런 날은 나에게 비상사태나 다름없었다. 비가 많이 오는 날에는 평소라면 빠르게 잡히던 오토바이 택시도, 배달 음식 기사님들을 찾는 것도 쉽지 않았기 때문에 이번 우기 초반에는 의도치 않게 강제 다이어트를 하기도 했었다.

비가 하루 종일 내렸던 첫날에는 집에 먹을 것이 아무것도 없었다. 우산이나 우비도 준비해 두지 않았던 터라 걸어서 밖에 나갈 수도 없는 상황이었다. 결국 그날은 물과 가방 속에서 우연히 발견한 친구가 준 작은 초코바 하나로 하루를 버텼다. 그 일을 계기로, 비가 잠시 그치거나 가끔 비가 오지 않는 날이면 마트나 편의점에 들러 비상식량을 조금씩 사서 모아 두기 시작했다.

처음에는 간편하고 오래 보관할 수 있는 빵이나 과자, 우유 같은 것들을 사다 놓고 비가 오는 날마다 꺼내 먹었다. 그런데 빵과 과자만 먹는 날이 많아지다 보니 자연스럽게 요리를 시작하게 되었다. 먹고 살기 위해서 말이다. 서울 집에 있을 때도 늘 밖에서 식사를 해결하거나, 전자레인지와 에어프라이어로 간단히 조리해 먹는 간편식만 먹었는데, 발리 집에는 딱 가스레인지 하나만 갖추어져 있었기에 직접 요리를 할 수밖에 없었다.

식빵과 달걀로 시작했던 나의 요리는 점점 볶음밥, 채소볶음, 파스타, 닭볶음탕, 찜닭, 카레 등으로 조금씩 다양하게 발전해 나갔다. 물과 음료수밖에 없던 냉장고 안도 채소와 소스 같은 식재료들로 하나둘씩 채워지기 시작했다.

요리를 해 본 경험이 많지 않다 보니 처음에는 소금을 얼마큼 넣어야 할지조차 너무 어려웠다. '많이 넣는 것보다는 적게 넣는 편이 건강에 좋겠지?'라는 생각에 정말 조금씩만 넣었는데, 지금 생각해 보면 거의 재료 본연의 맛으로 먹었던 것 같다. 신기하게도 요리를 하면 할수록 점점 맛을 찾아갔다. 간을 맞추어 갔다고 해야 할까. 처음 먹었던 내 요리처럼 본래의 재료 맛뿐이던 음식이 어느 순간부터는 어디선가 먹어 본 익숙한 맛을 내기 시작했다.

이번 우기는 전보다 더 많은 비가 내려 기억에 남기도 하지만, 무엇보다 손수 요리를 해 먹었던 경험 덕분에 더욱 특별한 추억으로 남을 것 같다. 음식을 만들어 먹으며 요리에 대한 흥미도 생겼고, 잠시 잊고 지냈던 한국 음식의 맛과 추억에 빠져들기도 했다. 평소에는 현지 음식을 즐겨 먹었지만, 막상 직접 요리를 하려고 하니 자연스럽게 한국 음식만 생각났다.

그래서 그동안 잊고 지냈던 한식들을 떠올리며 간단한 요리 레시피를 찾아 만들어 먹기도 했고, 예전에 엄마가 해 주셨던 음식들이 그리워 회상하기도 했다. 비가 오는 날이면 엄마가 부쳐 주시던 김치전과 부추전도 그리웠고, 평소에는 잘 먹지도 않던 칼국수도 너무 먹고 싶었다.

지금까지 발리에서의 생활을 쭉 돌아보면, 항상 밖에서 새로운 경험과 추억을 쌓느라 집 안에서 혼자만의 시간을 보낸 적이 거의 없었다. 그런데 장마처럼 길고 길었던 이번 우기 덕분에 직접 요리를 해 먹으며 시간을 보내다 보니, 처음으로 발리 집에서의 추억을 만들 수 있었던 것 같다.

비 오는 소리를 들으며 멍하니 바깥 풍경을 바라보다 보면 나도 모르는 사이 생각 속에 빠져들었다. 꼬리에 꼬리를 물듯 '아, 예전에 이랬는데. 그땐 그랬었지.' 하며 지난 기억들을 하나둘 떠올렸고, 그 기억들은 또 다른 추억과 생각으로 끝없이 이어졌다. 정말 오랜만에 온전히 나 혼자만의 시간을 누릴 수 있었던 소중한 나날들이었다.

이 글을 쓰고 있는 지금, 어느새 우기의 끝이 점점 다가오고 있다. 분명 우기가 완전히 끝나고 나면 요리도, 나만의 추억놀이도 잠시 멈추겠지만 그래도 괜찮다. 다음 우기가 있으니까.

즐거웠다, 나의 두 번째 우기.

행복은 나이를 묻지 않는다

발리에 살면서 좋은 점이라 해야 할까? 다른 점이 있다면, 나이에 전혀 개의치 않는다는 것이다. 우리나라처럼 나이에 따라 호칭을 구분하지 않고 모두가 이름을 부르며 친구처럼 지낸다. 그래서 실제로 친하지만 서로의 나이를 모르는 경우도 많다. 이곳에서는 나이가 중요하지 않다. 잘 물어보지도 않지만, 혹여 알게 되더라도 그것이 관계에 영향을 주지 않는다.

발리에서 지내는 동안 나이를 말할 일이 거의 없다 보니, 어느 순간 내가 몇 살인지 까맣게 잊어버린 적도 있었다. 한번은 친구들이 내 나이를 가늠하기 어렵다며 물어본 적이 있었는데, 정말 거짓말처럼 내 나이가 기억나지 않았다. 만 나이와 한국 나이도 헷갈렸고, 발리에서 만난 친구들 중 누구의 나이도 몰랐기에 비교해서 계산할 대상도 없었다. 결국 한참을 고민하다가 나이를 말하는 대신 태어난 연도를 이야기했다.

내 나이를 잊은 만큼, 이제는 다른 사람의 나이도 더 이상 궁금하지 않다. 나이가 중요하지 않다는 생각이 자리 잡은 이후부터는 만나는 사람들을 나이로 나누어 생각하는 일도 없어졌다. 눈앞에 보이고 느껴지는 그대로를 볼 뿐. 사실 사람의 성격이나 성향, 취향, 그리고 그 사람만의 분위기는 나이에 따라 달라지는 것이 아니라 어떻게 살아왔는지, 어떤 경험과 추억을 쌓아 왔는지에 따라 달라진다고 생각한다. 나이가 같다고 해서 모두가 똑같은 생각을 하고, 똑같이 말하는 것은 아니듯이.

하지만 한국에 가면 모든 상황이 달라진다. 한국에 도착하자마자 가족들과 지인들이 건네는 첫인사는 대개 "피부가 왜 이렇게 탔니?"라는 말을 제외하면 "너 나이가 이제 몇 살이지?"로 시작된다. 그래서일까. 나는 한국에 들를 때마다 내 나이를 확실히 기억하고 돌아간다. 발리에서는 잊고 지냈던 나이를, 한국에서는 하루에도 한 번 이상은 대답해야 했기 때문이다.

물론 나도 한때는 나이에 연연했다. 그것도 아주 어릴 때부터.

어린 시절부터 가수의 꿈을 키워 온 나는 우상이었던 보아 선배님처럼 13살에 데뷔하고 싶었고, 반드시 그래야 한다고 믿었다. 하지만 13살이 되도록 데뷔하지 못한 나는 스스로를 실패했다고 여겼고, 그때부터 내 나이를 '늦었다'고 생각하기 시작했다. 19살에 데뷔했을 때조차 내 나이가 많다고 느꼈다. 후배들이 많아질수록, 연차가 쌓일수록 '나이가 많다'는 부정적인 생각은 점점 더 깊어졌다.

나는 몇 살이 되었든, 단 한 번도 스스로를 어리다고 생각해 본 적이 없었다. 언제나 나이 때문에 불안했고, '이 나이면 이렇게 살아야 한다.'라는 강박 속에서 우울해지기도 했다. 그것이 당연한 것처럼.

하지만 이제는 아니다.

지금의 나에게 나이란, 그저 내가 건강하게 살아온 시간의 숫자일 뿐이다. 그래서 한국에 갈 때마다 나이를 묻는 말에도 더 이상 스트레스를 받지 않는다. 오히려 내 나이를 돌이켜 보며 '내가 이렇게 오래 건강하게 살아왔구나.' 싶어 스스로 신기해할 뿐이다. 그렇게 한국에서의 시간을 보내고 다시 발리로 돌아오면 또 금세 나이를 잊고 살아간다.

요즘 나의 모든 생각과 계획은 나이가 아니라 '나의 행복'을 중심으로 이루어진다. 나의 행복을 최우선으로 두고 생각하면, 나이는 나에게 아무런 영향을 주지 않는 그저 숫자일 뿐이다.

나이보다 더 중요한 것은 나의 마음가짐이다.

만약 내가 '나는 나이가 많으니까 안 돼.'라고 생각했다면 발리에서 살아 보지도 못했을 것이고, 서핑이라는 스포츠에 도전해 보지도 않았을 것이다. 아마 지금도 예전과 다를 것 하나 없이 복잡한 고민과 생각의 늪에 빠져 스스로를 가두고 있었을지 모른다.

발리밸리

발리 여행을 준비하다 보면 쉽게 찾아볼 수 있는 '발리밸리'. 발리에서 흔히 겪는 배탈이나 장염 같은 증상을 일컫는 말로, 워낙 많은 사람들이 걸리는 탓에 여행객들 대부분이 미리 관련 약을 챙겨 온다. 물론 나 또한 그랬었다. 처음 발리 여행을 앞두고 약은 물론, 주변 지인들에게 조언까지 구했었다. 그중에서도 자카르타에서 일하고 있는 친한 동생의 조언이 큰 도움이 되었는데, 야외 음식점이나 작은 와룽Warung에서는 얼음이 들어간 음료나 물을 조심하라는 내용이었다.

그 이야기를 듣고 난 뒤로 발리 여행 내내 얼음이 들어간 아이스 음료는 장소에 따라 최대한 조심해서 마셨고, 웬만하면 이미 포장된 캔 음료나 생수만 골라 마셨다. 그래서인지 나도, 함께 여행했던 지윤이도 배탈 한 번 없이 아프지 않고 잘 먹고 잘 지내다 돌아올 수 있었다. 이후 두 달 살기 동안에도 한 번도 무언가를 잘못 먹어서 아팠던 적은 없었다.

그런데 발리살이 초반에는 현지 친구들과 함께 다양한 음식을 맛보면서 가끔 설사를 하는 정도의 증상을 겪었다. 그러다 어느 날, 딱 한 번은 블로그나 유튜브에서 봤던 발리벨리와 비슷한 증상에 시달린 적이 있었는데, 다시는 겪고 싶지 않을 만큼 아팠던 기억으로 남아 있다.

자다가 너무 추워 깨어났던 그날, 나는 내가 이렇게까지 몸을 떨 수 있나 싶을 만큼, 거짓말 하나 보태지 않고 침대가 흔들릴 정도로 심하게 몸을 떨었다. 침구가 축축해질 만큼 식은땀도 흘렸다. 새벽 사이에 몸속의 모든 것이 빠져나가면서 수분과 함께 살까지 빠졌는지, 아침에 병원에 가는 걸 도와주러 온 친구가 나를 보자마자 깜짝 놀랄 정도였다. 지금까지의 행복한 발리 생활 중 단 한 번의 힘들었던 기억이자, 다시는 겪고 싶지 않은 일주일이었다.

그 일을 치르고 난 뒤로는 내 몸이 적응한 건지, 아니면 정말 면역력이 생긴 건지, 이제는 어디에서나 얼음이 든 음료를 마셔도, 식당에서 주는 물을 마셔도, 어떤 음식을 먹어도 아픈 적이 없다.

한번은 한국에서 여행 온 친구와 함께 식사를 하고 난 다음 날, 친구만 발리밸리에 걸려 병원까지 간 적이 있었다. 처음 한두 번은 친구들만 먹었던 특정 음식이 문제였겠거니 생각했지만, 몇 번이나 나 혼자 아무런 증상이 없는 것을 보면서 '내 몸이 이제 현지의 몸으로 변했구나. 발리의 슈퍼 면역력을 갖게 되었구나.' 하는 생각이 들었다. 왜냐하면 발리밸리는 현지 사람들은 걸리지 않는 병이니까.

나에게 발리밸리는 꼭 독감 주사 같았다. 일부러 몸속에 바이러스를 넣어 면역력을 만드는 것처럼, 발리라는 낯선 환경에서 새로운 음식들을 먹고 아팠던 뒤에 내 몸도 서서히 적응하며 면역력이 생겼다.

발리는 더운 나라라서 식재료나 만들어진 음식의 보관이 중요하다. 하지만 작은 식당들이나 야외 식당들 중에는 냉장고가 없는 곳도 있고, 얼음도 제빙기가 따로 있는 것이 아니라 구입해서 아이스박스에 보관하는 경우가 많다. 그리고 음료를 제조할 때마다 그 아이스박스를 열었다 닫았다 하며 사용한다. 나도 처음에 여행을 왔을 때는 이런 사실들을 전혀 몰랐다. 발리에서 지내며 직접 보고, 듣고, 겪으면서 알게 된 것이다. 그래서 이제는 조심해야 할 것들은 미리 피하거나 주의하며 지내고 있다.

발리로 여행을 온다면 딱 세 가지만 조심해서 먹으라고 말해 주고 싶다. 첫 번째는 항상 어디를 가든 물은 꼭 챙겨 다니며 마시고, 작은 와룽이나 야외 노상 식당에서는 얼음과 함께 나오는 음료보다는 이미 포장된 병 음료나 캔 음료, 또는 생 코코넛 워터를 마시는 것을 추천한다.

보통 생 코코넛은 주문 즉시 바로 잘라서 가져다주기 때문에 신선하게 마실 수 있다. 이전에 맛없게 먹었던 기억이 있더라도, 발리에 왔다면 꼭 다시 한번 도전해 보라고 말하고 싶다. 나도 처음 마셨던 코코넛 워터에 대한 기억이 썩 좋지 않았다. 마치 처음 평양냉면을 먹었을 때와 비슷했다. 밍밍하고 느끼한 맛으로만 기억하고 있었는데, 발리에서 마신 코코넛 워터는 전혀 달랐다. 정말 너무 맛있었다. 게다가 건강에 좋은 여러 가지 효능도 있다고 하니, 한 번쯤은 도전해 보길 바란다.

식당 외에 자주 가는 카페들은 대부분 안전하다고 생각하지만, 길거리의 작은 와룽에서 파는 가루 형태의 현지 음료나 인스턴트커피 음료를 파는 곳은 조심하자. 정말 맛보고 싶다면 마트나 편의점에서 포장된 제품을 구입해 마시는 것을 추천한다.

두 번째는 나시짬뿌르Nasi Campur를 먹는 시간이다. 여기저기 후기 글이나 영상을 보면 나시짬뿌르를 먹고 발리밸리에 걸렸다는 사람들도 많다. 그래서 나는 저녁보다는 음식이 바로 만들어져 나오는 오전이나 점심시간에 먹는 것을 권하고 싶다. 나도 나시짬뿌르를 먹을 때는 항상 오전이나 점심에만 먹는다. 나시짬뿌르는 미리 만들어 상온에 두고 판매하는 음식이다 보니 오랫동안 방치됐을 수도 있는 저녁 시간에는 피하는 것이 좋다. 물론 손님이 끊이지 않는 곳이라면 저녁 시간 전에 다시 요리해 신선한 음식으로 내놓을 수도 있겠지만, 그렇지 않은 곳들도 많으니 조심하길 바란다.

마지막으로 조심해야 할 것은 과일이다. 보통 발리에 오면 과일이 저렴하고, 한국에서는 쉽게 맛볼 수 없는 맛있는 과일들도 많아 자주 사 먹게 된다. 내가 발리밸리에 걸렸을 때 그 원인 중 하나로 추측했던 것도 바로 과일이었다. 당시 나는 파파야와 용과를 거의 매일 먹고 있었다. 그런데 그때 병원 의사 선생님이 과일은 꼭 깨끗하게 먹어야 한다고 당부하셨다. 껍질이 있는 과일이라 해도 칼이 들어가면서 겉에 묻은 이물질이 과육에까지 닿을 수 있다고 하셨다. 그래서 과일을 먹을 때는 껍질이 있더라도 물로 씻거나 휴지로 한 번 닦아 낸 뒤 잘라 먹는 것이 조금 더 안전하다. 번거롭더라도 이런 작은 주의 하나가 발리살이에서의 안전장치가 된다.

지금의 내 얼굴과 몸이 좋다

　이전에 내 몸과 얼굴이 좋다고 말한 적이 있었나. 돌아보면 없었던 것 같다. 단 한 번도. 늘 만족보다는 끝없이 부족한 점들만 눈에 들어왔고, 완벽해지기를 바라며 단점을 보완할 방법만을 찾아 헤맸다.

　요즘의 나는 발리에서 지내며 얼굴이 까맣게 그을리고, 기미와 주근깨로 뒤덮여 말 그대로 '깨순이'가 되었다. 몸은 더 심하다. 얼굴처럼 꼼꼼하게 선크림을 바르지 않아 피부는 더 짙게 그을렸고, 서핑을 하며 현지 생활에 조금씩 적응해 가는 과정에서 여기저기 상처와 흉터도 하나둘 늘어났다. 예전의 나였다면 아마 피부과로 달려가 치료와 관리를 받으며 마음이 놓일 때까지 거울을 놓지 않았을 것이다.

그런데 지금은 이렇게 변화한 내 얼굴과 몸이 좋다고 말하고 있다니, 나 스스로도 다른 사람이 된 것 같아 웃음이 난다. 나이를 먹어서 그런 걸까? 아니면 내가 추구하던 완벽함에 대한 강박을 놓았기 때문일까? 혹은 나를 바라보는 시선이 달라졌거나 내 취향 자체가 변한 걸까? 가끔은 혼자 이런저런 생각에 잠겨 여러 가능성을 헤아려 보게 된다.

지금은 기미와 주근깨로 뒤덮인 얼굴에 오묘한 매력이 깃든 듯하다. 몸 곳곳의 상처와 흉터들조차 하얀 도화지에 불청객처럼 자리한 흠집이 아니라, 나무의 나이테처럼 내가 어떻게 살아왔는지, 얼마나 열심히 살아왔는지를 보여 주는 상징처럼 다가온다. 그 자국들 속에서 시간의 흐름과 나만의 아름다움이 느껴진다.

예전에는 내 얼굴과 몸을 그저 가꾸고 아끼기만 했다면, 이제는 아낌없이 열심히 사용하고 싶다. 아껴서 뭐 하나 하는 생각이 든다. 나이가 들어 깨끗한 몸도 물론 아름답겠지만, 하나의 일기장처럼 여기저기 추억이 새겨진 몸도 너무나 아름다울 것이다. 언젠가 먼 훗날, 내 남편과 아이, 그리고 손주들에게 들려주고 싶은 이야기가 몸 이곳저곳에 새겨져 있는 것이니까.

은은한 노을처럼

 살면서 이렇게 많은 노을을 본 적이 있었나 싶을 정도로 발리에서는 노을을 자주 본다. 어쩌면 발리에 오기 전까지 평생 본 노을보다 이곳에서 본 노을이 더 많을지도 모르겠다.

 알게 모르게 어둠을 향해 가는 하늘의 빛깔들을 보고 있으면, 무엇으로도 설명할 수 없는 꿈틀꿈틀하고 울렁울렁한 감정들이 뒤섞인다. 친구들이 발리에 오면 꼭 보여주고 싶은 것 중 하나도 바로 이곳의 노을이다.

 노을을 바라보며 이야기를 나누다 보면, 꼭 술을 마시며 대화할 때와 비슷하다는 생각이 든다. 그동안 하지 못했던 말들이 자연스럽게 흘러나오고, 평소보다 더 진솔하고 긍정적인 대화가 오간다. 술에 살짝 취한 것처럼 노을

앞에서는 조금 더 말랑말랑해지고, 삼엄했던 마음속 경비가 살짝 흐트러져 어느새 솔직한 속내를 털어놓게 된다.

예전의 나는 지금과 달리, 노을을 볼 때마다 늘 '공허하다', '외롭다'라는 감정을 가장 많이 느끼곤 했다. 그랬던 내가 발리에서 처음 노을을 바라보던 순간, 마음속 어딘가에서 꿈틀꿈틀, 울렁울렁하며 문득 '행복하다'는 감정이 밀려왔다. 그 낯선 느낌이 나에게는 너무나도 새롭고 신기했다.

발리에서 보는 노을이라 다른 걸까? 그 외에는 다른 이유가 떠오르지 않았다.

그런데 지나고 나니 보인다. 돌이켜 보면, 예전에 노을을 보며 느꼈던 '외롭다', '공허하다'라는 감정은 그 당시 내 마음속에 머물던 감정이 노을을 통해 더욱 극대화되었던 것 같다. 친구들과 노을을 보며 더 솔직한 대화를 나누게 되었던 것처럼, 과거의 나도 그 순간만큼은 내 안의 솔직한 감정을 느꼈던 것 같다.

노을을 보고 있으면 여러 궁금증이 떠오른다. '하나의 같은 태양인데, 왜 떠오를 때와 질 때의 분위기와 느낌은 이렇게 다를까?'

생각해 보면, 일출과 일몰을 바라볼 때의 내 반응과 감정도 확연히 다르다. 떠오르는 태양은 눈이 부실 만큼 강렬해 눈살을 찌푸리거나 손으로 눈을 가리게 된다. 위에서 아래로 내리쬐는 강하고 밝은 빛은 모든 것을 환하게 비춰 준다. 실제로 일출 무렵에 서핑을 할 때면 바닷속이 훤히 들여다보일 정도로 정말 맑고 투명하다.

그런데 지는 태양은 은은하고 따뜻한 빛을 내뿜는다. 그래서 눈은 편안하지만, 물속은 어둡고 아무것도 보이지 않는다. 위에서 빛을 비추는 떠오르는 태양과는 다르게, 지는 태양은 앞에서 빛을 비추며 나를 감싸 주는 듯한 따스함이 느껴진다.

나에게 일출과 일몰은 다른 의미로 다가온다. 일출은 짧고 굵게 오늘 하루에 대한 기대감과 활기찬 에너지를 주지만, 일몰은 깊고 오래도록 여운이 남는 생각들을 가져다준다. 그래서 나에게 노을을 보는 시간은 오롯이 나를 되돌아보고, 나에게 집중할 수 있는 시간이기도 하다.

한번은 이런 생각을 했다. 나도 노을 같은 사람이 되고 싶다고. 알 듯 말 듯 은은하게 나만의 색을 뿜어내며 나의 삶을 차근차근, 천천히, 그리고 편안하게 걸어가는 어른이 되고 싶다고. 누군가에게 특별하거나 우러러봐야 할 존재가 아닌, 옆에 있으면 편안함과 따스함을 느낄 수 있는 그런 사람이 되고 싶다고 말이다.

이제는 앞으로 만나게 될 새로운 사람들을 미리 투명하게 알고 싶지도, 훤히 들여다보고 싶지도 않다. 어둠 속에서 나의 감으로만 길을 찾아가듯, 내가 직접 만나고 겪으며 느낀 감정들로 그 사람들을 알아 가고 싶다.

내가 매일 보는 노을처럼, 그렇게.

Part 2

춤을 추던 나는 이제 파도를 탄다

이름이 뭐예요?

 발리에서 내 이름은 'Gaga'다. 모두가 나를 허가윤이 아닌 'Gaga'라고 부른다. 가윤이라는 발음이 어려울 것 같아 외국에 나갈 때만 쓰던 영어 이름이었는데, 지금 발리에서는 온전히 나의 이름이 되었다. 이제는 오히려 허가윤이라는 이름이 한국에서 지낼 때만 사용하는 한국 이름이 된 것 같기도 하다.

 하루에도 여러 번, 내가 묻기도 하고 받기도 하는 질문 중 하나가 "What's your name?"이다. 다양한 나라 사람들이 모여 있는 발리에서는 처음 듣는 이름을 한 번에 알아듣기도, 다시 만났을 때 기억해 내기도 쉽지 않다. 물론 나도 마찬가지였다. 여러 나라의 낯선 이름을 처음 들을 때면 정확하게 이해하기까지 몇 번의 스무고개를 거쳐야 했고, 다시 만났을 때 이름이 떠오르지 않아 난처했던 경우도 많았다.

하지만 그런 이유로 서운해하는 사람은 없다. 자주 보는 사이가 아니라면 만날 때마다 서로의 이름을 다시 묻는 일이 다반사이기 때문에, 그저 웃으며 지나가는 일상 중 하나일 뿐이다. 실제로 발리에서 만난 대부분의 친구들도 내 이름을 한 번에 정확히 알아듣지 못했다. 그래서 나는 내 이름을 쉽고 또렷하게 전달할 수 있도록 나만의 소개 방법을 만들었다.

누군가 나에게 이름을 물어 올 때면, 나는 이렇게 대답한다.

"I'm Gaga. Like Lady Gaga."

이렇게 소개하면 단번에 내 이름을 알아듣고, 다시 만났을 때도 "맞아, 너 Lady Gaga지!" 하며 반겨 준다. 원래도 좋아했던 아티스트 덕분에 내 이름을 아주 편하게 소개할 수 있게 되었다. 요즘은 그녀의 노래를 듣거나 영상을 볼 때마다 나 혼자만의 내적 친밀감 때문인지 더 행복하고 건강하길 바라며 응원하게 된다.

발리에서의 생활을 시작하면서, 나는 마치 다시 태어난 것처럼 새로운 인생을 살고 싶었다. 과거에 어떻게 살아왔든, 아이돌 멤버였던 허가윤이 아니라 그냥 한국에서 온 여자 사람 'Gaga'로. 그리고 그동안의 삶과 경험을 바탕으로, 발리에서는 후회 없이 살아 보리라 다짐했다.

그렇게 마음을 다잡고 살아가다 보니, 이제는 내가 바라던 대로 정말 새로운 인생을 사는 것처럼 발리에서 잘 지내고 있다. 'Gaga'라는 이름도 어느새 원래부터 내 이름이었던 것처럼 너무 자연스럽고 당연하게 느껴질 정도다. 가끔은 오히려 '가윤'이라는 이름이 더 어색하게 다가올 때도 있다.

아무것도 바르지 않은 맨얼굴도, 햇볕에 그을려 까무잡잡해진 피부색도 이제는 더 이상 어색하지 않다. 어느 순간부터는 내 진짜 나이도 잊은 채 살아가고 있다. 마치 영화 〈벤자민 버튼의 시간은 거꾸로 간다〉 속 주인공처럼, 다시 10대나 20대로 돌아간 것처럼. 매일 새로운 것들로 가득한 이곳 발리에서, 나는 설렘이 넘치는 하루하루를 보내고 있다.

과거의 내 직업과 그때의 생활이 마치 전생의 일처럼 느껴질 정도로 발리의 소소한 일상 속에 완전히 스며들었다. 하루의 아침을 바다에서 시작하는 것도, 바닷물에 젖은 채 오토바이를 타고 이동하는 것도, 인도네시아 음식을 먹으며 지내는 것도, 매일 끊이지 않는 경적 소리와 매연 냄새마저도 이제는 너무나 자연스러운 내 일상이 되었다.

발리에서 'Gaga'로 살아가는 지금의 내가 꽤 만족스럽다. 가끔 잠들기 전, 하루를 돌아보며 문득 이런 생각이 든다.

"나는 참 운이 좋은 사람이구나. 인생은 한 번뿐이라고 하는데, 발리에서의 내 삶은 꼭 두 번째 인생을 사는 것 같다."

작고 우연한 순간들이 내 인생에 이렇게 큰 변화를 불러올 줄은 상상도 못 했다. 마치 생각지도 못한 서프라이즈 선물을 받은 것처럼, 나는 지금의 발리 생활이 너무 마음에 든다. 그리고 이 감정과 느낌, 자유로움과 행복을 아끼지 않고, 미루지 않으며, 매일 온몸으로 느끼고 즐기고 있다.

안전장치

 발리는 큰 도로가 아닌 이상, 횡단보도나 신호등이 거의 없다. 신호등이 없으면 운전은 어떻게 하느냐? 운전자끼리 서로 눈치껏 상황을 살피며 본인이 가야 할 타이밍에 맞춰 재빨리 지나간다. 만약 망설이다 타이밍을 놓친다면 수많은 차와 오토바이 속에 갇혀 한참을 기다려야 한다.

 내가 처음 발리에 왔을 때 가장 적응하기 힘들었던 것이 있다. 바로 매일 이른 아침부터 늦은 저녁까지 끊임없이 울리는 경적이었다. 우리나라와는 다르게 발리에서는 경적 소리를 정말 많이 낸다. 도로 위는 물론이고 조용한 주택가 골목에서도, 심지어 어린아이나 노약자가 있어도 거의 모든 상황에서 경적을 울린다. 한번은 현지 친구에게 물어본 적이 있다.

"여기는 이렇게 경적 소리를 많이 내도 문제가 생기지 않아? 왜 이렇게 많이 사용하는 거야?"

"안전을 위해 사용하라고 만들어 놓은 장치인데, 안전을 위해 써야지."

너무나도 당연하고 정확한 대답이어서 말문이 막혔다. 이런 질문을 한 내가 바보처럼 느껴지기도 했다. 문득 예전에 운전 중 엄마와 나누었던 대화가 떠올랐다.

"가윤아, 경적 소리 많이 내지 마. 싸움 날 수도 있어. 그건 예의가 아니야."

우리나라에서는 경적을 울리는 일이 부정적으로 받아들여진다. 반면, 발리에서는 단순히 상대방과 나의 안전을 위한 하나의 수단일 뿐이다. 그래서 도로 위에서는 시간과 장소를 가리지 않고 울려도 아무런 문제가 되지 않는다.

왜 우리나라에서는 경적을 울리는 일이 무례한 행동이 되었을까? 가만히 생각해 보면, 나 역시 운전할 때 정말 위험한 순간이 아니면 웬만해서는 경적을 사용한 적이 없었다. 그나마 내가 경적을 울렸던 순간도 앞차와 사고가 날 뻔했을 때나, 앞차가 아무 움직임 없이 멈춰 있을 때 정도였다. 가끔 경적을 울렸다는 이유로 싸움이 벌어지거나 보복 운전을 당했다는 뉴스나 영상을 본 적도 있다. 그런 소식을 접할 때마다, 그리고 부모님께 웬만하면 경적을 사용하지 말라는 당부를 들을 때마다 나에게 경적은 정말 위급한 상황이 아니면 함부로 사용해서는 안 되는 장치로 각인되었다.

그런데 발리에 와서 경적이 존재하는 진짜 이유와 의미에 대해 다시 한번 생각하게 되었다. 경적은 서로의 안전을 위해 만들어진 장치라는 것. 이곳에서는 그 어떤 누구도 경적 소리에 불쾌해하지 않는다. 그리고 그 소리 하나만으로 신호나 교통질서 없이도 모두가 큰 사고 없이 안전하게 운전하며 생활한다.

물론 양보도 정말 잘해 준다. 운전이 미숙한 사람에게 먼저 가라며 손짓해 주기도 하고, 횡단보도가 따로 없어도 길가에 서 있거나 길을 건너려는 사람이 보이면 모두가 가던 길을 멈춰 선다. 그리고 짧은 감사 인사가 오간다. 별것 아닌 것 같지만 짧게 건네는 감사의 말도, 말없이 눈빛으로 주고받는 인사도, 고개를 끄덕이며 지어 보이는 수줍은 미소도 참 따뜻하고 아름답다.

눈치 하나만으로 가야 할 길을 가고, 감사 인사도 전하는 도로 위의 풍경을 볼 때마다 나도 모르게 미소가 지어진다. 같은 위치에 똑같이 있는 이 장치가 때로는 불쾌함을 주기도 하지만, 또 반대로 무질서 속에서 질서를 만들어 내며 도로 위의 아름다움을 보여 주기도 하는 이 낯설고 신기한 광경은 나에게 신선한 충격이었다.

이 경험을 통해, 나는 내가 하는 행동이나 생각 중에서 꼭 나쁜 것은 아니지만 '하면 안 된다'는 인식 때문에 통제하거나 절제하려고 하는 것이 있지는 않았는지 되돌아보았다. 발리 도로 위에 무질서 속의 질서가 있듯이, 나도 이제는 너무 완벽해지려 애쓰기보다 살짝 빈틈이 있는 나만의 질서를 찾아가고 싶다. 나의 안전을 위해서 말이다.

어릴 때부터 자연스럽게 듣고 배워 온 말들이 나를 빈틈없는 사람으로 만들었고, 가끔은 흐트러져도 괜찮은 순간조차 받아들이지 못하게 만들지는 않았을까? 그래서 나는 위험한 상황에 안전을 위해 경적을 울려야 하듯, 나도 나의 안전을 위해 힘들 땐 힘들다고 말할 수 있는 사람이 되어 보려 한다.

지난날을 돌아보면, 나는 힘들다는 말을 쉽게 하지 못하는 사람이었다. 다른 사람들에게 부정적인 기운을 주고 싶지 않았고, 괜한 걱정을 끼치게 하고 싶지도 않았다. 혹시 나를 나약하게 보지는 않을까 하는 수많은 걱정 때문에 참고 숨겨 왔지만, 이제는 그러지 않기로 다짐했다.

 경적을 울리지 않으면 자칫 사고로 이어질 수 있듯이, 나도 나 혼자서만 숨기고 감추기만 하다가 나의 안전을 위태롭게 만들지는 않을까. 이제는 나를 위해서라도 필요할 때는 망설이지 않고 나의 '경적'을 울려야겠다.

화장은 사치

나의 하루는 새벽 5시에 시작된다. 보통은 일어나서 매일 챙겨 먹어야 하는 갑상선 약을 복용하고 30분이 지나면 간단히 요기를 한다. 그다음 양치와 세수를 마친 뒤 선크림만 바르고 집을 나선다.

서핑을 하기 전에는 더 강력한 징크 선크림을 덧바르고 약 2시간 동안 서핑을 즐긴다. 물에서 나오면 클렌징 티슈로 바닷물과 징크 선크림을 가볍게 닦아 낸 뒤 다시 선크림을 바른다. 서핑을 마치면 급격한 배고픔이 몰려오기 때문에 근처 식당에서 밥을 먹고, 집으로 돌아와 샤워를 한다. 기초 제품을 바른 후에는 다시 선크림만 바르고 밖으로 나선다. 밖에 있을 때도 강한 햇빛 때문에 땀이 나면서 선크림이 지워질 수 있어 2~3시간마다 한 번씩 덧발라 준다.

이러한 생활 패턴만 봐도 알 수 있듯이, 요즘 나에게 화장은 그저 사치가 되어 버렸다. 원래도 혼자서 화장을 잘하지 못했던 데다 메이크업 제품도 몇 개 되지 않았기에, 발리 생활에서는 그마저도 더 이상 쓸 일이 없어졌다. 가끔 친구들과 예쁜 장소나 유명한 곳에 가서 사진을 찍을 때 한두 번 사용할 뿐, 그 외에는 거의 쓰지 않는다.

내가 사용하는 화장품을 소개하자면, 인도네시아는 수돗물에 석회 성분이 많아 세안 후 얼굴을 한 번 더 닦아내기 위해 토너를 사용하고, 그다음에는 수분 크림을 바른다. 그리고 상황에 따라 기본 선크림, 워터프루프 선크림, 서핑용 징크 선크림 등 다양한 종류의 선크림을 골라 사용하고, 클렌징 로션과 클렌징폼으로 세안을 한다. 그 외에 내가 유일하게 포기할 수 없는 메이크업 제품은 립밤이나 립스틱 정도다.

한때는 하루도 빠짐없이 향수를 뿌렸지만, 지금은 향수를 뿌려야겠다는 생각조차 들지 않는다. 나 스스로도 그 변화가 신기할 정도다. 발리에서 지내면서부터 나를 꾸미거나 본래 모습과 다르게 보이게 하는 것들로부터 조금씩 자유로워진 것 같다.

그리고 예전에는 맨얼굴로 돌아다니는 게 부끄러워 모자나 마스크를 쓰는 게 당연했지만, 이제는 있는 그대로의 내 모습으로 다니는 일에 불편함을 느끼지 않는다. 오히려 지금은 너무도 당연하고 자연스러운 나의 일상이 되었다.

몇 달 전, 유튜브 예능 촬영 스케줄로 잠시 한국에 갔던 적이 있다. 촬영을 앞두고 숍에 들러 헤어와 메이크업을 받았는데, 오랜만에 전문가의 손길을 거치고 나니 화장이 너무 진하게 느껴졌다. 마치 내 얼굴이 아닌 것처럼 낯설고 어색했다. 전에는 이보다 더 진한 화장을 하루도 빠짐없이 했고, 몇 날 며칠을 지우지도 못한 채 수정 화장을 하며 지낼 만큼 익숙했던 모습인데, 지금은 오히려 화장한 얼굴이 낯설게 느껴지다니.

하지만 돌이켜 보면, 예전에도 가끔 쉬는 날이 있거나 화장을 하지 않아도 되는 스케줄이 있으면 맨얼굴로 다니는 쪽을 선택하곤 했다. 그때는 몰랐지만, 나는 원래 편안함을 좋아하고 단순하고 간편한 것을 선호하는 사람이었나 보다. 그래서 이런 나의 성향과 발리라는 곳이 잘 맞았던 걸까 싶다. 불편함보다 편안함을 더 많이 느꼈기에 이곳에서 살고 싶다고 생각하게 된 게 아닐까.

물론 같은 발리에 살아도 나와 전혀 다르게 사는 사람들도 많겠지만, 나만의 발리 라이프는 이렇다.

요즘 생활 속에서 자주 느끼는 감사함 중 하나가 바로 이것이다. 외적으로도 내적으로도 온전히 본래의 나로 지낼 수 있는 곳이 있다는 것. 그리고 그런 모습 그대로 함께 할 수 있는 사람들이 곁에 있다는 것. 모든 것이 감사하다.

발리의 빨래방

1년 365일이 여름인 나라에서 살다 보니, 옷의 가짓수도 디자인도 자연스럽게 단순해졌다. 한국에서는 여름이면 주로 반소매 티셔츠를 입었지만, 발리에서 생활하면서 반소매 티셔츠는 어느새 잠옷이 되어 버렸다. 대신 평소에는 민소매 상의에 바지를 입거나, 민소매 원피스를 즐겨 입는다.

발리의 강한 자외선 아래에서는 하루만 반소매 티셔츠를 입고 돌아다녀도 금세 뚜렷한 경계선이 생긴다. 그 자국이 얼마나 보기 싫은지는 굳이 설명하지 않아도 다들 알 것이라 생각한다. 그래서 나는 늘 민소매를 입고 자외선 차단과 외부 먼지로부터 나를 보호해 줄 긴소매 셔츠와 모자, 선글라스를 필수품처럼 챙기고 다닌다.

발리 길거리에는 우리나라의 카페만큼이나 빨래방(?)이 많다. 특수 세탁이 아닌, 한국 가정집처럼 세탁기로 빨래를 하고 건조기로 말려 개어 주는 곳이다. 다만 어떤 옷이든, 어떤 색이든 가리지 않고 한 세탁기에 넣어 돌려 버리는 방식이라, 드라이클리닝이 필요한 옷이나 고급 원단의 의류는 발리 생활에서는 그저 옷장 속에서 공간만 차지할 뿐이다.

또한 하얀 옷을 맡기면 변색되어 돌아올 가능성이 크기 때문에 아끼는 흰색 옷을 세탁소에 맡기는 일은 내 마음만 아프게 만들 뿐이다. 실제로 발리 생활 초반에는 세탁을 맡겼다가 옷이 쪼그라들거나, 새하얗던 색이 누렇게 변하거나 연회색이 되어 돌아오는 일이 잦았다. 심지어 가끔은 알 수 없는 검은 자국이 묻어 돌아와 당황했던 적도 있다.

그래서 발리에 오기 전, 지인들이 조언을 구할 때마다 꼭 해 주는 말이 있다. "일주일 이내의 짧은 여행이라면 가져온 옷 그대로 한국에 돌아가서 세탁하는 게 제일 좋아. 장기 여행이라면 인스타그램 사진용으로 입을 예쁜 옷 몇 벌만 챙기고, 나머지는 빨래방에서 막 돌려도 괜찮은 편한 옷들로 준비하면 돼."

물론 지금의 나는 완전히 적응했다. 인간은 적응의 동물이라 하지 않나. 처음에는 혹시나 하는 마음에 챙겨 왔던 예쁜 옷들이 세탁 한 번에 처참한 결과로 돌아온 뒤부터는 세탁기나 건조기에 거침없이 돌려도 되는 편안한 옷들로만 옷장을 채웠다. 이제는 하얀 옷이 변색되어 돌아와도, 내가 모르는 얼룩이 생겨 있어도 아무런 감정의 요동이 없다. 그저 섬유유연제에서 풍기는 향을 맡으며 '오늘은 또 새로운 향이네.' 하고 생각할 뿐이다.

요즘은 옷이 닳을 때까지 입는 데서 묘한 뿌듯함과 쾌감을 느낀다. 특별한 이유는 없지만 기분이 좋다. 마치 장편 소설이나 대하드라마를 한 편씩 끝내 가는 듯한 기분이라고 할까. 그리고 그 지점까지 가는 데 발리의 빨래방이 조금은 도움을 주는 것 같다.

그래서 나는 발리의 빨래방이 싫지 않다. 오히려 좋다.

걸어 다니는 종합 병원

발리에 오기 전, 지난 7년 동안 나는 겉만 번지르르한 걸어 다니는 종합 병원이나 다름없었다. 그 시작은 불면증이었다.

전에는 이해할 수 없었던 불면증이란 것이 나에게 찾아왔다. 아마도 내 인생에서 하루가 가장 길게 느껴졌던 시절이 아니었나 싶다. 셀 수 없이 많은 책을 읽었고, 수많은 OTT 콘텐츠 중에서 안 본 것을 찾기 힘들 정도로 거의 하루 종일 눈을 뜬 채 지냈다.

일부러 몸을 피곤하게 만들려고 온종일 걸어 다녀 보기도 했고, 카페인이 든 음식은 모두 끊어 보기도 했지만, 그래도 쉽게 잠들지 못했다. 누워서 자는 것만으로도 감사하던 때의 기억이 나지 않을 정도로, 그 당시 나에게는 가만히 누워만 있는 일이 그 무엇보다도 고통스러운 고문처럼 느껴졌다. 잠 못 드는 괴로움은 상상도 못 할 만큼 괴롭고 힘들었다.

그다음에는 무엇을 먹어도 허기가 가시지 않았다. 먹어도 먹어도 계속 배가 고팠다. 입안에 음식물이 들어가는 순간부터 며칠을 굶은 사람처럼 음식을 갈망했고, 아무리 먹어도 배부름을 느끼지 못했다. 괴물처럼 먹어 대는 나 자신이 무서웠다. 배가 아플 때까지 먹고 나서야 '왜 이렇게까지 먹었나.' 후회했고, 그때부터는 미친 듯이 운동을 하기 시작했다.

속이 불편해서인지, 마음이 불안해서인지 잠드는 일은 더욱더 어려워졌다. 그전에는 올바른 수면을 위해 노력이라도 했지만, 이때의 나는 잠을 자야 할 시간에도 계속해서 몸을 움직이며 빠르게 소화를 시키려 안간힘을 썼다. 부은 내 모습을 보며 자책하고, "오늘은 먹으면 안 돼." 하고 절제하고 굶었다가, 또다시 먹고, 운동하고…. 폭식과 절식의 끝없는 반복이었다.

폭식증을 겪으며 오래도록 잊고 있었던 다이어트까지

다시 시작하게 되었다. "이건 먹으면 안 돼.", "몇 시 이후에는 먹으면 안 돼." 같은 나만의 규칙들이 하나둘씩 늘어나기 시작했다.

몇 년 동안이나 혼자만의 싸움을 이어 갔다. 이런 사실을 누구에게도 말하고 싶지 않았고, 알리고 싶지도 않았다. 나도 모르는 사이 점점 집 안에서 혼자 고립되어 가고 있었고, 사람들과의 만남도 피하고 있었다. 혼자서 수많은 방법을 찾아보고 시도해 봤지만, 결국 혼자 힘으로는 해결할 수 없다는 결론에 이르렀다.

오랜 고민 끝에 전문의 선생님께 도움을 받기 위해 병원을 찾았다. 그리고 긴 시간 동안 겪어 온 나의 증상들을 전부 설명했다.

"제가 왜 이러는 건지 모르겠어요."

나의 말에 의사 선생님은 차분히 설명해 주었다.

"탄력이 좋은 고무줄도 계속 당기기만 하면 끊어지겠죠? 계속 통제만 하니까 뇌가 기능을 못 하는 거예요."

그때 처음 알았다. 나는 어릴 때부터 많은 통제 속에서 자랐고, 그것이 당연하다고 생각하며 살아왔다. 그래서 나 자신도 스스로를 통제하고 있었구나. 배가 고프고 위가 허기진 게 아니라, 정신과 마음이 배고프고 허기졌던 것이구나.

사실 불면증과 폭식증은 병원에 다닌다고 해서 쉽게 고쳐지는 것이 아니었다. 그렇게 또 시간이 흘러갔다. 어느 날 아침, 눈을 떴는데 전신이 온통 빨간 반점으로 뒤덮여 있었다. 너무 놀라 병원에 가서 검사를 받았더니, 검사 결과는 자가면역질환인 류마티스 혈관염과 갑상선 저하증. 생전 처음 들어 보는 병명이었다. 의사 선생님은 말했다.

"호르몬도 제 역할을 하지 못하고 있고, 면역 체계가 무너져 몸이 스스로를 공격하는 거예요."

일도, 건강도, 내 의지대로 되는 것이 하나도 없었다. 그제야 깨달았다. 스트레스는 모든 병의 근원이 되는 무서운 벌레 같은 존재였다. 기본적인 생리적 욕구인 수면을 시작으로 식욕, 호르몬까지. 그리고 마침내 내 몸이 스스로를 공격하고, 내 정신마저도 무기력하게 만들어 버리는 것.

'정신이 육체를 지배한다.'

'마음먹기에 달렸다.'

왜 이런 말이 생겨났는지, 이제야 확실히 알 것 같았다.

발리에서 지내는 지금, 갑상선 저하를 제외한 모든 증상이 사라졌다. 갑상선 수치도 많이 좋아졌지만, 갑상선 약은 한 번 복용을 시작하면 평생 먹어야 한다고 했다.

그래도 지금은 잠도 잘 자고, 폭식도 하지 않는다. 잘 시간이 되면 졸리고, 가끔은 낮잠도 잔다. 간혹 과식을 하더라도 예전처럼 몇 시간 동안 미친 듯이 먹지는 않는다. 배가 고프면 적당히 먹고, 배가 부르면 멈출 수 있다. "이건 먹으면 안 돼.", "몇 시 이후에는 먹으면 안 돼." 같은 규칙들도 사라졌다. 이제는 그냥 먹고 싶으면 먹고, 먹고 싶지 않으면 먹지 않는다. 누군가에게는 너무도 당연하고 어렵지 않은 일이겠지만, 나에게는 이런 변화가 놀랍고 신기할 따름이다.

정신과 마음이 편안한 상태를 되찾은 후, 내 몸도 다시 정상으로 돌아온 것 같다. 아무리 생각해 봐도 다른 이유는 없다. 마음과 정신이 건강해야 비로소 몸도 건강해진다는 사실을, 7년 동안의 경험과 발리에 온 이후 달라진 내 모습을 보며 몸소 깨닫고 있다.

문득 이런 생각이 들었다. 살을 빼기 위해, 건강하고 예쁜 몸을 만들기 위해서는 그렇게 아낌없이 시간과 돈을 들여 부단히 노력했으면서, 왜 내 마음과 정신을 돌보려는 노력은 하지 않았을까? 내가 왜 이렇게 되었을까? 무엇 때문에 이렇게 되었을까? 이유를 찾으려 신세 한탄만 늘어놓았을 뿐, 왜 이제껏 무기력하게 가만히 있었을까?

지나고 나서야 보인다. 순서가 잘못되었다.

몸을 만들기 전에 내 마음과 정신이 먼저 건강해야 한다. 그래야 건강하고 예쁜 몸을 만들 수 있다.

행복하게 먹으면 0칼로리

 오랜 기간 폭식증을 겪으며 어느새 영양 성분 표를 들여다보고 칼로리를 계산하는 일이 습관이 되어 있었다. 마치 영양사라도 된 것처럼 먹기 전에 단백질 함량이 높은지, 무설탕 제품인지, 0칼로리인지 따져 가며 선택하곤 했다. 한국에서는 이런 음료나 음식을 손쉽게 구할 수 있었기에 별다른 어려움 없이 생활을 지속할 수 있었다. 그러나 발리에서 생활을 시작하고 나서는 원하는 제품들을 구할 수 없다는 사실에 몹시 당혹스러웠다.

 익숙하지 않은 환경 속에서 나는 의도치 않게 칼로리 계산을 멈출 수밖에 없었다. 처음에는 불편함을 넘어 불안감마저 밀려왔지만, 신기하게도 시간이 흐르면서 점차 자연스럽게 적응되었고, 어느 순간부터 영양 성분 표를 들여다보기보다는 조금 더 건강하게 요리된 음식을 찾아

먹자는 새로운 마음이 자리 잡았다.

발리에서 자주 먹는 음식은 '나시짬뿌르Nasi Campur'다. 우리나라의 뷔페와 비슷한 개념이지만, 손님이 직접 자유롭게 담는 대신 먹고 싶은 음식을 고르면 점원이 적당량을 덜어 주고, 선택한 항목에 따라 가격을 책정하는 시스템이다. 그래서 정확한 영양 성분이나 그램 수를 알 수 없을 뿐만 아니라, 어떤 재료가 들어갔는지 확인할 방법도 없다.

예전 같았으면 이런 불확실함이 불안했을 텐데 요즘에는 조금 더 많이 주기를, 조금 더 큰 조각을 골라 주기를 마음속으로 외치고 있다. 처음 나시짬뿌르를 접했을 때는 이것저것 다양한 음식을 맛보고 싶은 마음에 종류별로 잔뜩 담아 버려, 요즘 먹는 양의 몇 배에 달하는 금액이 나왔던 기억이 난다. 이제는 웬만한 음식들은 이미 맛을 보고 익숙해져서 그날그날 먹고 싶은 것만 골라 담는 여유가 생겼다.

내 입맛이 특이해서인지, 아니면 적응력이 뛰어나서인지 나는 한국 음식이 많이 그립지는 않다(아직은). 인도네시아 음식 중에는 한국 반찬과 비슷한 것이 많아 크게 이색적인 외국 음식처럼 느껴지지 않는다. 예를 들면 참기름 맛만 빠진 나물 요리나 돼지갈비찜, 두부 강정, 생선구이, 생선조림, 달걀 장조림, 멸치볶음, 찜닭, 치킨 등 이름만 다를 뿐 맛도 생김새도 우리에게 친근하고 친숙한 음식들이 많다. 게다가 식당마다 맛과 메뉴가 조금씩 달라 여러 곳을 탐방하는 재미가 쏠쏠하다. 이제는 좀 살았다고 자주 가는 단골 식당도 생겼다.

물론 인도네시아 음식 중에는 기름진 튀김류나 양념이 강한 것들이 많다. 단 음료나 빵, 떡도 많아 자세한 영양성분 표는 없지만, 분명 설탕이 많이 들어갔을 테고 칼로리도 높을 것이다. 발리에서 과연 다이어트 음식이라 부를 만한 것이 있을까 싶을 정도다.

그렇지만 신기하게도 폭식증을 겪으며 늘어났던 체중은 자연스럽게 예전으로 돌아갔고, 붓기로 가득했던 얼굴도 점차 본래의 모습을 되찾았다. 폭식증을 겪는 동안 식이 장애와 다이어트, 식품 관련 책들을 수도 없이 읽었지만 그럴수록 강박만 더 커지고 스트레스만 쌓일 뿐이었다.

나의 경험으로 보자면, 농담처럼 말했던 '행복하게 먹으면 0칼로리'라는 말이 어쩌면 완전히 틀린 말은 아닐 수도 있다는 생각이 든다.

소소한 대화가 하고 싶어서

영어를 잘하지 못하는 사람이라면 누구나 그렇듯, 나도 평생 영어를 잘하고 싶다는 바람을 품고 살아왔다. 해외여행을 갈 때마다, 외국인을 만날 때마다 '한국에 가면 꼭 영어를 배워야지!' 하고 마음만 먹고 정작 실행하지 않아서 문제였지만.

발리에 와서도 후회했던 한 가지가 바로 영어였다. 발리에서 만나는 또래 친구들 대부분이 영어로 대화가 가능하다 보니 '진작 영어 공부 좀 해 둘걸.' 하는 후회를 이곳에서도 또 똑같이 하고 있었다. 그런데 시간이 지날수록 영어보다 인도네시아어를 더 잘하고 싶다는 생각이 점점 커졌다.

단순히 인도네시아에 살고 있으니 어느 정도는 할 줄

알아야 한다고 생각했던 것도 있지만, 현지에서 보내는 시간이 길어질수록 자주 가는 식당이나 카페, 마트 같은 곳에서 만나는 동네 사람들과 소소한 이야기를 나누고 싶어졌다. 대단한 대화가 아니라, 정말 소소한 대화 말이다.

예컨대 자주 가는 와룽의 이모님들과 안부 인사를 나누고 싶었고, 내가 모르는 음식 재료가 어떤 맛인지도 물어보고 싶었다. 또 동네에서 자주 보는 귀여운 꼬마 친구들과 눈인사만 나누는 데 그치지 않고 장난스러운 이야기도 주고받고 싶었다. 매번 만나고 헤어질 때마다 그저 인사만 건네고 멋쩍게 웃고 마는 그 순간들이 나에게는 늘 아쉬움으로 남아 있었다.

무슨 말이라도 하고 싶었지만 현지에서 일을 하는 것이 아니라 정말 생활을 하는 동네 사람들은 우리 부모님 세대처럼, 한국의 보통 어린아이들처럼 영어를 잘하지 못했기에 나는 아무 말도 할 수 없었다. 그런 상황이 반복될수록 빨리 인도네시아어를 배워야겠다는 생각이 들었던 것 같다.

처음에는 한국에서 사 온 인도네시아어책으로 혼자 공

부를 시작했다. 매일 점심을 먹은 뒤 카페에 가서 두 시간씩 책을 펼쳐 놓고 공부했지만, 이 방법은 금방 그만두었다. 왜냐하면 책에서 배운 단어나 문장들을 사용해서 말할 때마다 친구들이 "그거 이상해."라며 웃기만 했기 때문이다.

그래서 방법을 바꾸어 실생활에서 정말 사용하는 말을 배우기 위해 현지 친구들에게 직접 부딪히며 배우기 시작했다. 그러다 보니 친구들이 왜 웃었는지도 알 수 있었다. 책에서 배운 말들은 마치 교과서를 그대로 옮겨 읽는 듯한 부자연스러운 느낌이라고 할까? 어색하기도 했고, 일상에서 쓰기에는 너무 진지해서 잘 사용하지 않는 문장들이었다.

우리나라에서도 교과서 속 문장과 실생활 대화가 다른 것처럼, 인도네시아어 역시 실제 대화에서는 줄임말도 많고 생략하는 표현도 많았다. 인도네시아어에 대해 정말 아무것도 몰랐던 나는 오히려 실생활에서 쓰는 대화법을 더 쉽고 빠르게 익힐 수 있었다. 게다가 바로 실전 연습을 할 수 있는 환경에 있다 보니 금방 습득할 수 있었다.

발리에서 지내며 좋은 점 중 하나는 언어를 빨리 배울 수 있다는 것이다. 영어도 한국에서 띄엄띄엄 몇 년 동안 공부했던 것보다 발리에서 1년간 생활하며 훨씬 더 빠르게 늘었다. 인도네시아어는 영어보다 문법이 더 간단해서인지 영어보다도 더 빨리 배울 수 있었다. 역시 언어라는 것은 무조건 많이 말해 보고 써 봐야 확실히 더 빨리 익혀지는 것 같다.

내가 언어를 배우면서 가장 원활하게 대화할 수 있었던 상대는 어린이 친구들이었다. 아이들은 쉬운 단어와 간단한 문장으로 이야기해서 내가 더 빨리 알아듣고 대답할 수 있었고, 그래서 가장 길게 대화를 나눌 수 있었다. 반대로 할머니, 할아버지와 대화를 나눌 때는 마치 다른 언어처럼 들려 잘 알아듣지 못해 대답하지 못한 경우가 허다했다.

알고 보니 인도네시아는 지역마다 사용하는 언어가 다르다고 했다. 친구 말로는, 아마 다른 지역 출신의 사람일 수도 있다고 했다. 인도네시아는 우리나라의 지역 사투리처럼 어느 정도 알아들을 수 있는 수준이 아니라, 지역마다 전혀 다른 언어를 쓰는 것처럼 다르다고 한다. 그래서 같은 인도네시아 사람이라도 출신 지역이 다르면 서로의 언어를 이해하지 못한다고 했다.

그러다 보니 발리에서 만난 친구들은 기본적으로 인도네시아어, 고향 지역 언어, 그리고 영어까지 세 개의 언어를 구사하는 경우가 많았다. 본인이 하는 일에 따라 한국어, 러시아어, 일본어, 중국어, 프랑스어 등 다른 외국어까지 하나 더 할 줄 아는 '언어 천재' 친구들도 많았다. 가끔 한국어를 잘하는 친구들을 만나면, 내가 영어나 인도네시아어를 못하더라도 한국어만으로 충분히 대화가 가능할 만큼 수준이 높았다.

나에게 인도네시아어는 학교에서도, 가수로서 해외를 다니면서도 한 번도 배워 본 적이 없는 언어였다. 당연히 처음에는 아는 게 하나도 없었기에 듣는 것도, 말하는 것도 어려웠다. 그런데 요즘에는 한 번도 들어 본 적도, 배워 본 적도 없는 새로운 언어를 배우는 일이 가장 흥미롭고 재미있는 일 중 하나가 되었다.

예전처럼 '1시간 배우고 끝나는' 수업이 아니라, 현지에서 배운 것을 바로 써야만 하는 상황이다 보니 공부나

숙제로 느껴지기보다 내게는 그야말로 생존이다. 그리고 또 다른 나의 새로운 꿈이기도 하다.

하루빨리 유창한 인도네시아어로 동네 사람들과 허물없이 대화할 수 있는 날이 오기를 꿈꾸며, 나는 오늘도 열심히 인도네시아어를 배우고 있다.

미니멀 라이프

 이 글을 쓰고 있는 지금, 발리에서 지낸 지도 어느새 1년이 되어 간다. 1년이라는 시간을 보내며 짐이 많이 늘었을 거라 예상하겠지만, 오히려 처음보다 훨씬 줄어들었다. 더 이상 짐을 늘리고 싶은 마음도 없고, 요즘은 무언가를 사고 싶다는 물욕도 많이 사라졌다.

 패션을 좋아해 한때 물욕이 차고 넘쳐났지만, 발리에서 지내면서 의도치 않게 미니멀 라이프를 실천하게 되었다. 처음 발리로 이주할 때 바리바리 들고 온 신발과 옷들 중 헤져서 버릴 수밖에 없게 된 것들은 내 품을 떠나보냈고, 현지에서 사귄 한국을 좋아하는 친구들에게 선물하기도 했다. 그렇게 챙겨 왔던 물건들이 하나둘 줄어들었지만 딱히 불편한 것도, 더 필요한 것도 없었다.

발리에서의 생활이 이전과 달라진 점 중 하나는 매일 아침 어떤 옷을 입을지 더 이상 고민하지 않는다는 것이다. 그 누구도 내 옷차림으로 나를 판단하지 않고, 내가 어떤 브랜드의 옷을 입었는지 관심도 없으며, 궁금해하지도 않는다. 가끔 "그 옷 예쁘다.", "멋지다." 같은 가벼운 칭찬이 전부다.

현재 내가 살고 있는 곳과 환경이 바뀌면서 옷에 대한 나의 인식도 자연스럽게 많이 달라졌다. 요즘 나에게 옷이란 헤지면 내 곁을 떠나야 할, 그저 하나의 '소모품'일 뿐이다. 가볍고 시원하게 입을 수 있으면 좋고, 편리하게 세탁할 수 있다면 더 좋을 뿐이다. 이제 옷은 그저 내 몸을 햇빛과 외부 먼지로부터 보호해 주는 것, 그 이상도 이하도 아닌 존재가 되었다.

서핑할 때 입는 옷, 운동할 때 입는 옷, 잘 때 입는 옷, 그리고 가끔 친구들을 만날 때 입는 예쁜 옷 정도. 지금의 나는 딱 이 정도 상황에 맞는 몇 가지 옷만 필요할 뿐, 더 이상 사고 싶은 것도 없다.

신기하게도 '옷에 대한 고민' 하나만 사라졌을 뿐인데

하루 시작의 스트레스가 확 줄면서 오전 시간이 꽤나 여유로워졌다. 아마 이것도 몸과 마음이 편안해진 이유 중 하나가 아닐까 싶다. 예전의 나를 떠올려 보면, 옷방에 공간이 부족할 정도로 옷과 액세서리, 신발들이 가득 쌓여 있었지만 아침마다(때로는 전날 저녁부터) 뭘 입어야 할지 고민하고 또 고민했다. 그러다 결국 입을 옷이 없다며 또다시 쇼핑을 했고, 옷방에는 점점 더 많은 옷들이 쌓여 가는 끝없는 악순환이 반복되었다.

패션을 정말 사랑했지만, 어느 순간부터는 굳이 사지 않아도 될 옷을 강박적으로 사기도 했고, 멋있게 잘 입어야 한다는 생각이 머릿속을 지배하기도 했다. 그렇게 사둔 새 옷들은 포장된 상태 그대로 보관되었다가 다음 해 같은 계절이 돌아와 옷 정리를 하면서 발견한 적도 있을 정도였다.

매 시즌 새로운 트렌드와 함께 쏟아지는 다양한 옷과 신발, 액세서리들이 나의 물욕을 끊임없이 자극했다. 그리고 매일 아침, '오늘은 무엇을 입지?' 하는 고민과 스트레스로 많은 시간과 에너지를 소비했다.

스티브 잡스도 옷을 고르는 데 드는 시간과 에너지를 줄이고 일에 몰두하기 위해 매일 같은 옷과 신발을 착용했다는 유명한 일화가 있지 않은가.

매일 똑같은 옷과 신발을 입어야 한다는 말이 아니다. 남들에게 어떻게 보일지보다 '오직 나를 위해' 하루의 시작을 조금 더 단순하게 보내 보는 건 어떨까?

나도 예전에는 몰라서 하지 못했던 것을, 아직 모를 수밖에 없는 그대들에게 미리 알려 주고 싶은 마음뿐이다.

인생 첫 치밥

 나는 새로운 음식을 먹어 보고 도전하는 것을 좋아한다. 그래서 여행을 떠나서도 한국인들에게 이미 잘 알려진 음식점보다는 현지인들 사이에서 소문난 곳, 혹은 그들이 즐겨 찾는 진짜 맛집을 찾아가려 한다.

 발리에서도 이곳저곳 다양한 식당을 다녀 봤다. 초반에는 정보가 많지 않다 보니 이미 유명한 식당이나 집 근처에서 깨끗해 보이는 곳을 주로 찾았다. 그러다 친구들을 한두 명씩 사귀면서 점점 더 '현지스러운' 식당들을 방문하게 되었고, 친구들이 추천해 준 다양한 음식점에도 들러 보게 되었다.

 여러 식당을 다니며 느낀 점은 발리에서도 우리나라만큼이나 닭고기를 많이 먹는다는 것이었다. 아니, 어쩌면 우리나라보다 더 많이. 종교적인 이유로 소고기나 돼지고기를 먹지 않는 사람이 많아서인지, 어느 식당에 가더라도 닭고기 요리는 기본 메뉴처럼 자리 잡고 있었고, 오로지 닭고기만 전문적으로 파는 곳도 많다. 실제로 내가 하루 동안 먹는 식사 메뉴를 보더라도 닭요리만 먹는 날이 대부분이다. 그리고 가끔 더 특별한 음식이 먹고 싶을 때면 돼지고기나 소고기, 혹은 해산물을 파는 곳을 찾아가곤 했다.

그중에서도 특히 치킨은 마치 우리나라에서 길을 걷다 보면 으레 치킨집이 보이듯, 발리에서도 음식점이나 길거리에서 흔히 볼 수 있는 음식이다. 나의 인식 속에서 여러 나라 중 한국 사람들이 치킨을 가장 좋아한다고 생각했었는데, 발리에 와서 살다 보니 인도네시아 사람들도 한국 못지않게 치킨을 즐기고 좋아한다는 걸 알 수 있었다.

우리나라와 다른 점이 있다면, 현지에서는 치킨을 한 마리 단위가 아니라 한 조각씩 판매하고, 치킨과 밥을 함께 먹는 치밥 형태로 나온다는 점이다. 심지어 맥도날드, 버거킹, KFC 같은 글로벌 프랜차이즈에서도 치킨과 밥이 함께 나오는 세트 메뉴가 있을 정도다.

나에게 치킨이란, 친구들의 생일이나 집들이처럼 여럿이 모이는 자리에서 다 같이 나누어 먹는 음식이었다. 싫어하는 것은 아니지만 그렇다고 특별히 좋아하는 것도 아닌, 눈앞에 있으면 한두 조각쯤 먹는 정도의 음식이었다고 할까. 한국에는 다양한 브랜드의 치킨이 있지만, 정작 내가 먹어 본 치킨은 손에 꼽을 정도였다. 그런데 그런 내가, 그것도 말로만 듣고 가끔 유튜브 먹방에서나 보던 치밥을 발리에서 처음 맛보게 될 줄은 몰랐다.

처음으로 현지 친구들과 함께 밥을 먹으러 간 날이었다.

"진짜 맛있는 와룽(작은 음식점)이 있는데, 한번 도전해 볼래?"

호기심이 가득했던 나는 한 치의 망설임도 없이 따라나섰다. 발리살이를 시작하고 처음 가 보게 된, 정말 현지인들만 아는 듯한 작은 와룽이었다.

여기가 진짜 현지 맛집이라는 걸 느낀 순간이 있었다. 바로 음식을 주문할 때였다. 발리에 와서 수많은 음식점을 다녀 봤지만 영어가 통하지 않는 곳은 처음이었다. 순간 '아, 여기가 진짜 현지 맛집이구나.' 하는 생각이 들었다. 미리 구글맵에서 메뉴를 찾아보거나 리뷰를 읽고 간 것도 아니었기에, 나는 친구들이 주문한 것과 똑같은 세트 메뉴를 주문했다.

세트 메뉴를 고르면 닭고기 부위를 선택해야 했다. 나는 당연히 닭 다리를 골랐다. 얼마 지나지 않아, 우리나라 호프집에서나 볼 법한 커다란 맥주 컵에 갈색빛 음료가 가득 채워져 나왔다. 보리차 같은 물인가 싶어 한 모금 마셔 보았는데 설탕이 듬뿍 들어간 듯한 달달한 아이스티였다. 그리고 곧이어 내 예상과는 사뭇 다른 비주얼의 치킨이 나왔다.

유산지가 깔린 원형 접시 위에는 닭 다리 하나가 놓여 있었고, 그 위로 마늘과 고추 조각이 섞인 듯한 정체불명의 베이지색 소스가 뿌려져 있었다. 그 옆에는 템페 튀김과 두부 튀김이 한 조각씩 담겨 있었고, 생양배추 몇 조각과 밥 한 공기도 올려져 있었다. 한 접시에 담긴 구성이 꼭 남산 돈가스를 떠올리게 했다.

평소 자주 먹던 빨간 삼발 소스와는 전혀 다른 베이지색 소스. 과연 맛있을까 하는 의구심이 들었지만, 친구가 '매운 땅콩 소스'라고 설명해 주자 조금 안심이 되었다.

친구들이 맛있게 먹는 모습을 지켜본 후, 양배추로 입을 달래고 조심스럽게 치킨을 한입 베어 물었다.

와… 진짜 너무 맛있었다.

치킨 자체는 아주 평범했지만, 그 위에 뿌려진 매운 땅콩 소스가 정말 특별했다. 분명 내가 아는 맛들의 조합인데도 이제껏 한 번도 먹어 본 적 없는 맛이었다. 그리고 생각보다 꽤 매웠다. 나는 평소에 매운 음식을 잘 먹지도, 그다지 좋아하지도 않는데, 이건 너무 맛있어서 땀과 콧물을 닦아 가며 끝까지 먹었다. 심지어 닭 다리를 하나 더 추가 주문하기까지 했다.

"치킨을 어떻게 한 조각만 먹지?"

미리 알았더라면 밥은 빼고 치킨만 두 조각 시켰을 텐데! 그런데 나와는 달리, 현지 친구들은 오히려 밥을 추가 주문했다.

나는 원래 치킨만 먹는 게 익숙해서 밥은 거의 손대지 않았는데, 친구들의 접시는 나와 정반대였다. 속으로 신기하다고 생각하던 바로 그때, 친구가 말했다.

"한국 사람들은 보통 닭 다리를 좋아하고, 밥보다는 치킨을 더 많이 먹더라. 너도 똑같네."

순간, 내 접시를 내려다보았다. 닭 다리 두 개가 올려져 있었다. 그리고 친구들의 접시에는 모두 닭 가슴살 한 조각만 담겨 있었다. 나는 밥을 거의 남겼지만, 친구들은 치킨이 아닌 밥을 추가 주문해 적게는 한 공기, 많게는 세 공기까지 먹고 있었다. 그때 들었던 의문은 아직도 풀리지 않는다.

"이렇게 탄수화물을 많이 먹는데도 왜 다들 군살 없이 날씬할까?"

그랬던 내가 지금은 많이 바뀌었다. 이제는 닭 다리 대신 닭 가슴살을 고르고, 밥 한 공기도 남기지 않고 깨끗이 먹는다. 그리고 또 한 가지 달라진 점. 예전에는 한입 먹고 바로 포기할 정도로 힘들었던 매운 땅콩 소스도 이제는 너무 맛있다.

매운 음식도 먹다 보면 점점 잘 먹게 된다더니, 정말 맞는 말이다. 가끔은 너무 매워서 땀과 콧물을 주체하지 못할 때도 있지만, 지금은 이 치킨이 내가 가장 자주 먹고 싶어 하는 음식 중 하나가 되었다.

바비굴링

발리에는 맛있는 현지 음식이 정말 많다. 그런데 친구들이나 주변 지인들이 발리에 오면 먹고 싶다고 말하는 현지 음식은 대부분 나시고렝Nasi Goreng, 볶음밥과 미고렝Mie Goreng, 볶음면뿐이다. 솔직히 말하자면, 나는 이 두 가지 음식을 굳이 사 먹지는 않는다. 친구가 직접 만들어 주거나, 식당에서 친구가 주문해 함께 먹게 되는 경우가 아니라면 말이다.

이해하기 쉽게 한국 음식에 비유하자면 김치볶음밥과 비슷하다. 어디서나 간편하게 사 먹을 수 있지만, 집에서도 쉽게 만들어 먹을 수 있는 음식. 아마도 인도네시아 음식을 잘 몰랐던 내 친구들은 그나마 익숙하게 알고 있던 메뉴를 선택한 것 같다. 그만큼 우리나라에서는 인도네시아 음식이 아직 널리 알려지지 않은 듯하다. 나 역시 발리에 살기 전까지는 인도네시아 음식을 한 번도 먹어 본 적이 없었다.

내가 발리에서 잘 살고 있는 이유 중 하나는 음식 덕분이라고 해도 과언이 아니다. 만약 음식이 입에 맞지 않았다면 이렇게 오래 지내기는 어려웠을 것이다. 물론 처음에는 낯설거나 가리는 음식도 있었지만, 지금은 못 먹는 음식이 손에 꼽힐 정도로 이곳의 음식을 다양하게 즐기고 있다. 그래서 이제는 모르는 음식보다 아는 음식이 더 많아졌다.

발리에서 살면서 내가 가장 빨리 외운 인도네시아어 단어들도 모두 음식과 관련된 것들이었다. 밥nasi, 면mie, 돼지babi, 닭ayam, 소sapi, 튀기다·볶다goreng, 굽다bakar. 이 일곱 가지만 알아도 메뉴를 보고 어렵지 않게 주문할 수 있다.

만약 발리에서 꼭 먹어야 할 음식을 하나만 추천해야 한다면, 나는 바비굴링Babi Guling을 꼽고 싶다. 'Babi'는 돼지, 'Guling'은 굴리다라는 뜻으로, 우리나라에서도 볼 수 있는 통돼지 바비큐와 비슷한 음식이다. 바비굴링은 발리의 전통 음식이기 때문에 발리에서만 맛볼 수 있다는 점에서도 특별하다.

인도네시아는 인구의 80% 이상이 이슬람교도이지만, 발리는 힌두교 문화가 주를 이루는 지역이다. 이슬람에서는 종교적인 이유로 돼지고기 섭취를 금하지만, 반대로 힌두교에서는 돼지가 풍요와 번영을 상징하는 동물로 여겨진다. 마치 한국에서 '돼지꿈을 꾸면 복권을 사야 한다.'라는 말과 비슷한 느낌일지도 모른다. 그래서 발리에서는 축제나 제사, 결혼식 등 각종 의식이 있는 날이면 어김없이 바비굴링이 준비된다.

바비굴링은 새끼 돼지의 뱃속에 각종 향신료를 넣은 뒤 통째로 구워 만드는 요리다. 겉은 바삭하고 속은 촉촉한 식감이 특징이다. 베이징덕처럼 껍질은 과자처럼 바삭하고 속살에는 육즙이 살아 있다. 향신료에 민감한 사람이라면 약간 낯설게 느껴질 수도 있지만, 향이 강하지 않은 곳에서 먹으면 한국에서도 한 번쯤 접해 본 듯한 익숙한 맛을 느낄 수 있다.

일반적인 바비굴링 식당에서는 나시짬뿌르Nasi Campur 형태로 제공되는데, 밥과 함께 다양한 부위를 조금씩 맛볼 수 있어 혼자서 가볍게 먹기에도 좋다. 메뉴는 일반Biasa과 스페셜Special로 나뉘는 경우가 많은데, 보통 일반은 흔히 먹는 고기 부위들이 나오고, 스페셜은 국물 요리나 내장 요리 같은 추가 메뉴가 포함된다.

바비굴링은 식당마다 가격 차이가 크고, 맛과 구성도 천차만별이다. 어떤 곳은 향신료 맛이 강하고, 어떤 곳은 비교적 약하다. 고기양이 넉넉한 곳이 있는가 하면, 적은 곳도 있다. 지방 부위가 많은 경우도 있고, 적은 경우도 있다. 그래서 먹는 사람마다 어디 바비굴링이 제일 맛있는지에 대한 의견이 갈린다.

발리에 오래 머무를 계획이라면 여러 곳을 다니며 비교해 보는 것도 좋지만, 짧은 일정이라면 한국인들 사이에서 평이 좋은 식당을 선택하는 것이 가장 안전할 수 있다.

움직이는 와룽

발리의 길거리나 해변을 걷다 보면 신기한 형태의 움직이는 와룽Warung들이 눈에 띈다. 우리나라에서는 트럭이나 리어카를 개조한 길거리 음식점을 볼 수 있다면, 이곳 발리에서는 오토바이 뒤쪽을 개조해 만든 길거리 음식점들이 곳곳에 자리하고 있다. 투명한 트레이 안에 여러 종류의 빵이 가득 담긴 오토바이 빵집도 있고, 즉석에서 국수를 바로 만들어 주는 오토바이 국숫집도 있다. 그 외에도 오토바이 뒤쪽에 마련된 작은 공간에서 간단한 음식이나 간식, 여러 종류의 음료를 만들어 파는 움직이는 와룽들을 쉽게 만날 수 있다.

오토바이가 들어올 수 없는 해변에서는 머리에 큰 상자를 이고 다니는 사람들을 종종 볼 수 있다. 처음에는 아무것도 모르고 그저 짐을 나르는 동네 사람들인 줄만 알았다. 나처럼 잘 모르는 사람이라면 그렇게 생각하고 그냥 지나칠 수도 있다. 그런데 그 상자 안에는 각종 튀김이 가득 담겨 있다. 템페 튀김, 채소 반죽 튀김, 바나나 튀김, 두부 안에 김말이와 같은 당면을 채운 두부 튀김 등 다양한 종류 가운데 먹고 싶은 것을 고르면 매콤한 작은 고추와 삼발 소스를 뿌려 준다.

튀김 외에 해변에서 자주 볼 수 있는 또 하나는 땅콩이다. 처음 해변에서 땅콩을 파는 아저씨를 봤을 땐 어부라고 착각했었다. 아저씨는 긴 나무 장대를 어깨에 들쳐 메고 양쪽에 무엇인가를 주렁주렁 매단 채 걸어오고 있었다. 그 모습을 보고, 나는 물고기 그물을 들고 돌아가는 어부 아저씨인 줄로만 알았다. 그런데 가까이서 보니, 양쪽에 한가득 매달려 있던 것은 삶은 땅콩이었다.

발리 길거리의 움직이는 와룽들은 100원에서 1,500원 정도의 먹거리와 음료를 팔고 있는데, 간단히 요기를 때우거나 간식으로 먹기에 딱 좋다. 나는 이런 움직이는 와룽들을 볼 때면 잊고 있었던 옛 추억들이 하나둘씩 떠오른다. 어릴 적 가족들과 놀러 가서 사 먹던 길거리 음식들, 학교 앞 문방구에서 사 먹던 100~200원짜리 작은 주전부리들, 그리고 가끔 학교 앞에 찾아와 솜사탕이나 달고나를 만들어 주던 차까지, 오래된 기억들이 스멀스멀 되살아나는 듯하다.

지금은 많이 사라져 좀처럼 보기 힘든 풍경들을, 이곳 발리에서는 똑같지는 않지만 비슷한 형태로 볼 수 있다. 그럴 때마다 괜히 반갑고 신기한 마음이 들면서 까맣게 잊고 지냈던 추억과 향수가 슬며시 떠올랐다. 이런 움직이는 와룽들은 관광지 주변뿐만 아니라 사람들이 많이 거주하는 동네에서도 만날 수 있다. 이곳에서도 우리의 기억 속에 남아 있거나 드라마에서 볼 법한 장면들이 심심찮게 눈에 띈다.

확성기를 통해 들리던 "찹쌀-떠억. 메밀-무욱." 같은 추억의 음성처럼, 발리에서도 팔고 있는 음식의 이름을 외치거나 종을 울리곤 했다. 아이스크림의 경우에는 아이스크림 장수만의 멜로디가 있어서 사람들이 그 소리만 듣고도 아이스크림 장수가 왔다는 것을 알 수 있다고 했다. 마치 어릴 적 시골 외갓집에 가면 막걸리 장수의 멜로디를 듣고 할머니가 사러 나가시던 것처럼 말이다.

나도 모르는 사이, 어릴 적 느꼈던 평범한 모습들이 하나둘 사라지더니 이제는 쉽게 볼 수 없는 추억이 되어 버렸다. 주변의 변화에 익숙해지면서 자연스럽게 그 추억들을 잊고 살았던 것 같다. 그리고 하루하루를 열심히 살아내느라 그런 변화를 크게 알아차리지도 못했던 것 같다. 빠르게 변해 가는 주변을 보면, 불과 1~2년 전의 모습조차 기억이 나지 않을 만큼 금방 새로운 것이 생겼다가 또 금세 사라지기도 한다.

6개월에 한 번씩 한국에 가 보면 정말 많은 것들이 달라져 있곤 한다. 나 또한 그전에 무엇이 있었는지 기억하지 못할 정도로 말이다. 그런데 참 신기하다. 한국과 멀리 떨어져 있는 인도네시아 발리에서 어린 시절의 기억을 닮은 풍경들을 보고 옛 추억을 떠올리게 되다니. 매번 '같은 아시아라서 그런 걸까?' 싶은 생각이 들기도 하고, 현지 친구들에게 "예전에 한국에도 이런 비슷한 것이 있었어." 하고 이야기해 주기도 한다.

비록 똑같지는 않지만 어린 시절의 추억과 기억을 내 눈앞에서 다시 볼 수 있다는 것이, 또 한 번 비슷한 환경 속에서 살아 볼 수 있다는 것이 나에게는 너무도 큰 행운처럼 느껴지는 요즘이다.

동물들의 천국, 발리

내가 보는 발리는 사람뿐만 아니라 동물들까지도 편안해 보이는 신기한 곳이다. 발리 곳곳에서 마주치는 강아지, 고양이, 다람쥐, 도마뱀, 그리고 그 외의 많은 동물들이 모두 정말 평온해 보인다. 이곳의 동물들은 사람을 경계하거나 무서워하지 않고, 발리의 모든 곳이 마치 자기 집인 양 낮잠을 자거나 앉아서 풍경을 바라보기도 하며, 거리의 사람들을 구경하는 듯한 모습까지 보인다.

나는 원래 강아지와 고양이를 무서워했지만, 발리에서는 두려워하지 않는다. 예전처럼 겁이 나서 피하거나 얼어붙지도 않는다. 사실, 내가 달라졌다고는 말할 수 없다. 그저 이곳의 동물들이 나에게 아무런 관심도 두지 않기 때문이다. 발리에서 만난 동물들은 모두 어딘가 모르게 여유와 기품이 있는 것 같다. 나에게 반갑다며 꼬리를 흔들고 달려오는 일도 거의 없지만, 가끔 내 주변에 오더라도 천천히, 무관심한 듯 다가왔다가 무심히 제 갈 길을 가거나, 그대로 내 옆에 누워 자기만의 여유를 즐기는 듯 보였다.

발리에서 만난 동물들은 사람들과 경계 없이 이곳에서 똑같이 살아가는 또 다른 친구들 같았다. 식당이나 카페에서도 편안히 쉬고 있는 동물들을 쉽게 볼 수 있는데, 주인이 있건 없건 자유롭게 들어와 휴식을 취하고는 슬그머니 나간다. 그리고 그 누구도 불만을 품거나 불평하지 않고, 내쫓으려는 사람도 없다. 마치 또 다른 손님인 것처럼 자연스럽게 인사를 나누거나 사랑스러운 눈빛으로 바라볼 뿐이다. 강아지와 고양이들도 아무런 피해를 주지 않고, 문제를 일으키지도 않는다. 그저 햇볕이 강한 시간에 더위를 피하러 슬쩍 들어와 시원한 바닥에 누워 쉬다가, 더위가 가시면 조용히 떠나는 것이 전부였다.

가끔은 강아지와 고양이뿐 아니라 닭, 염소, 소까지도 길거리에 자유롭게 풀려 있는 모습을 볼 수 있다. 이 동물들 역시 사람에게 달려들거나 공격하지 않는다. 그저 자기 길을 갈 뿐이다. 그리고 그 길을 지나는 동물들도, 사람들도 모두 아무렇지 않은 듯 평온해 보인다. 아무도 사람을 두려움의 대상이나 무서운 존재로 여기지 않는 듯하다.

가끔 바다에서 강아지들이 뛰노는 모습을 보고 있으면 수많은 생각이 스쳐 지나간다. '저 강아지들도 행복하겠지?'라는 생각이 들다가도, '이런 삶이 일상이면 알까? 자유로운 삶의 행복을?'이라는 의문으로 이어지고, '동물들마저도 행복해 보이는 발리는 도대체 뭐가 다른 걸까?' 하는 여러 가지 궁금증들이 생겨난다.

발리에서 만난 동물들을 보고 있으면 이상하게도 마음이 덩달아 편안해지고 평온해진다. 그들의 자유로움과 여유로움이 전염되듯 옮겨 와 나까지도 자유롭고 여유로워지는 것만 같다.

나의 놀이터

　어디든 새로운 장소에 가면 꼭 들러 보고 싶은 곳이 있다. 서울에서 처음 가 보는 동네든, 멀리 떨어진 지역이든, 혹은 해외로 여행을 가거나 일을 하러 가서도 항상 가 보고 싶은 곳이다. 대단한 곳은 아니지만 그 동네의 분위기와 사람들의 생활을 느낄 수 있어서 좋고, 맛있는 음식들이 모여 있어서 좋아하는 곳이기도 하다.

　이 정도 설명만으로도 이미 예상했을 것이다. 시장이나 마트라는 것을. 이곳, 발리에 와서 내가 제일 좋아하는 곳은 마트다. (사실 시장을 더 좋아하지만, 발리에서는 기념품을 파는 시장 외에는 찾을 수 없어 아직 가 보지 못했다.) 지금까지 들렀던 지역의 동네마다 눈에 보이는 마트는 전부 다 가 봤다고 자신 있게 말할 수 있을 정도다.

나는 그 나라의 식재료나 과자, 아이스크림 같은 주전부리를 구경하는 것을 좋아한다. 그리고 한국의 어떤 제품들이 판매되고 있는지 찾아보는 것도 또 하나의 재미다. 발리에서 나의 소소한 행복 중 하나는 인도네시아에서 아직 먹어 보지 못한 새로운 식재료와 간식을 맛보는 일인데, 그러다 보면 한국에서 보던 것과 모양이나 맛이 비슷한 것들이 많아 신기하고, 한국에는 없거나 구하기 힘든 것을 찾게 되면 마치 산속에서 산삼을 발견한 듯 기쁘기도 하다.

　새로운 무언가를 발견했다는 희열과 함께, 그 맛을 발리에 놀러 오는 친구들에게 꼭 맛보게 해 주고 싶어 괜히 설레곤 한다. 한국에서 친구들이 오면 무조건 소개해 주는 나만의 추천 아이템이 있을 정도로, 나는 새로운 식재료나 간식을 찾는 일에 정말 진심이다.

　나는 어릴 때부터 맛있는 것을 참 좋아했다. 이왕 먹는 거라면 제일 맛있는 것을 먹어야 한다고 생각하는 사람이었다. 예전에는 바쁜 스케줄을 소화하면서도, 또는 해외 일정 중에도 그 지역에서 꼭 먹어 봐야 한다는 음식이나 맛집을 미리 찾아보고는, 어떻게든 시간을 내어 꼭 들렀다. 아마 그 시절에는 맛있는 것을 찾아 먹는 일이 나만의 작은 일탈이자 힐링이었던 것 같다.

나는 맛있는 음식이나 식당을 발견하면, 내가 좋아하는 친구들이나 가족과 함께 먹으러 가거나 기꺼이 알려 주며 추천하는 것을 좋아한다. 나의 이러한 성향을 잘 아는 친한 친구들은 만날 때마다 내가 소개해 주는 음식이나 식당을 믿고 따라와 준다.

발리에 살고 있는 지금은 예전처럼 같이 무언가를 먹으러 갈 수도 없고, 서울의 맛집도 예전만큼 잘 알지 못하지만, 그 대신 발리에서 맛있는 음식이나 새로운 간식들을 찾아 두었다가 친구들이 놀러 올 때마다 함께 먹으러 가거나 추천해 주는 것이 나의 또 다른 기쁨이자 행복이 되었다. 요즘은 좋은 관광지를 둘러보는 것보다 친구들과 마트에 가는 시간이 더 즐겁게 느껴지기도 한다.

새로운 인도네시아 식재료에 대해 설명해 주고, 맛있거나 꼭 사야 할 간식들을 알려 주며 추천하는 일도 너무 즐겁다. 친구들이 한국에 돌아간 뒤 맛있다며 연락을 주거나, 다시 발리에 와서 캐리어에 한가득 담아 돌아가는 모습을 보면 괜스레 뿌듯해진다.

뮈 대단한 일을 하는 건 아니지만 또 다른 간식을 찾아 봐야겠다는 생각에 열정이 불타오르기도 한다. 그래서 나는 또 마트에 간다. 눈과 코, 입이 모두 즐거워 아무 걱정 없이 시간 가는 줄도 모르고 돌아다니는, 나만의 놀이터로.

아마 내가 나이가 들어 할머니가 되어서도 마음껏 즐길 수 있는 놀이터는 이곳뿐이지 않을까. 그게 서울이든, 발리든, 어느 곳이든.

그리움 한 줄, 추억 한 줄

 발리에서 지내는 동안은 매일 한식을 먹지 않아도 괜찮았다. 1년 중 한식을 먹는 날은 손에 꼽을 만큼 드물었고, 그마저도 한국에서 놀러 온 친구가 원해서 함께 먹거나, 한식을 접해 보지 못한 외국인 친구들에게 직접 요리를 해 주며 나눠 먹는 날이 전부였다.

 그런데 가끔 한국에 가는 날이면, 신기하게도 도착하자마자 먹고 싶은 한국 음식들이 끊임없이 떠오른다. 그중에서도 제일 먹고 싶은 것은 김밥. 포미닛으로 활동하던 때 지겹도록 자주 먹었던 음식이라 스케줄이 없는 날엔 굳이 사서 먹지 않았다. 그런데 요즘은 한국에서 발리로 돌아가기 전날까지 꼭 많이 먹고 가고 싶은 음식이 김밥이다.

한국에 갈 때마다 새로운 속 재료가 들어간 신상 김밥들이 줄줄이 쏟아졌다. 그 덕분에 하나씩 골라 먹는 재미도 한국에서 누리는 소소한 일상 중 하나가 되었다. 그러다 보니 발리에서 출국하기 며칠 전부터는 엄마와의 문자 배틀이 시작된다.

「뭐 먹고 싶어?」, 「어떤 거 사다 놓으면 돼?」, 「무슨 요리 해 줄까?」

엄마는 매번 내가 먹고 싶은 음식을 물으신다. 그러면 나는 발리에서 먹기 힘든 식재료로 만든 한국 음식들을 쭉 나열하곤 한다.

「육회, 회덮밥, 갈비찜, 소고기뭇국, 감자탕, 콩국수….」

한국에 도착하는 그날까지, 생각날 때마다 먹고 싶은 음식들을 하나씩 엄마에게 문자로 남겨 놓는다. 그런데 막상 도착하고 나면 제일 먹고 싶은 음식이 김밥이 되어 버린다.

당연히 맛있어서 좋아하는 것도 있지만, 나에게 김밥은 한국에서의 수많은 추억을 떠올리게 해 주는 음식이기도 하다. 어릴 적 가족들과 함께 먹었던 기억, 소풍 같은 야외 활동에서 나눠 먹었던 기억, 그리고 포미닛 활동 당시 밥 먹을 시간이 없어 차 안에서 이동 중에 먹었던 기억 등 어린 시절부터 성인이 될 때까지 한국에서의 모든 순간을 함께한 음식이 김밥이다.

김밥의 종류가 다양하다 보니, 그때마다 좋아하는 김밥이 달라지듯 김밥의 종류마다 떠오르는 순간도 저마다 다르다.

어릴 적엔 엄마가 좋아하시던 김밥을 많이 먹었던 것 같다. 우리 엄마는 우엉조림이 듬뿍 들어간 김밥을 좋아하셔서 내 어린 시절 기억 속엔 늘 우엉 김밥이 있었다. 이제 와서야 말할 수 있지만, 사실 어린 나는 우엉 김밥을 그다지 좋아하지 않았다. 그래서 엄마가 잠시 자리를 비운 틈을 타, 젓가락으로 우엉을 하나하나 콕콕 찔러 빼내고 먹었던 기억이 있다.

학창 시절, 학교 야외 활동 때마다 먹었던 김밥은 치즈 김밥이었다. 지금도 치즈를 좋아하지만, 어릴 때는 유난히 더 좋아했다. 어떤 음식이든 치즈 맛이 있으면 무조건 그 메뉴를 선택했을 정도로 말이다.

포미닛으로 데뷔한 이후에는 셀 수도 없이 많은 종류의 김밥을 먹었다. 그래서 유일하게 김밥을 좋아하지 않았던 시절이기도 하다. 전국 방방곡곡을 다니며 유명하다, 맛있다 하는 김밥은 다 먹어 본 것 같다. 그래도 가장 기억에 남는 김밥은 하루를 시작하던 새벽이나 이른 아침에 자주 먹었던 청담동의 '마녀김밥'이다. 회사, 숙소, 숍. 우리가 자주 가던 장소들 가까이에 있었고, 멤버들 모두가 좋아하던 김밥이기도 했다. 그리고 가끔 특별히 시간적 여유가 있을 때 먹을 수 있었던 스쿨푸드의 김밥은 그 시절 유일하게 먹고 싶어서 먹었던 김밥이었다. 그중에서도 '모짜렐라 스팸 계란 마리'를 제일 좋아했는데, 지금도 한국에 가면 사 먹을 정도로 여전히 좋아하는 김밥 중 하나다.

살면서 김밥을 가장 자주 먹었던 시기였고, 김밥을 가장 많이 함께 먹었던 친구들도 포미닛 멤버들이었다. 아마 김밥을 주제로 이야기하기 시작하면 몇 시간이고 대화가 끊이지 않을 것이다.

다양한 한국 음식 중엔 분명 더 맛있고 화려한 것들도 많지만, 수십 년의 추억을 품은 이 소소하고 간편한 김밥이 해외에 살고 있는 지금의 나에겐 가장 그립고 먹고 싶은 음식이 되었다.

사람은 추억으로 살아간다는 말처럼, 나에게 김밥은 나의 추억 버튼과도 같다. 진짜 맛있어서, 또는 좋아서 먹고 싶은 음식이기도 하지만 이제는 맛뿐만 아니라 추억까지 함께 깃든 음식이 더 먹고 싶고, 더 그리운 음식이 되어 가는 것 같다.

한여름의 크리스마스

설날과 추석 같은 큰 명절도, 쉬는 날이 다가온다는 생각에 손꼽아 기다리던 공휴일도 발리에서 지내다 보니 이제는 특별히 잘 와닿지 않는다. 유일하게 크리스마스를 제외하고 말이다.

발리에서 맞는 크리스마스는 내가 이전까지 느꼈던 크리스마스와는 너무나도 달랐다. 항상 추운 날씨에 두터운 옷을 입고, 눈이 오길 바라며 눈이 내린 듯 장식된 트리와 장식들을 바라보며 보내던 크리스마스의 풍경은 이곳에서는 찾아볼 수 없었다.

그 대신 발리에서는 산타 모자나 빨간 수영복을 입고 서핑을 즐기거나, 해변에서 일광욕을 하며 붉은 여름옷을 입고 파티를 즐기는 사람들, 그리고 눈부신 태양과 푸른

하늘을 배경으로 꾸며진 트리들을 볼 수 있었다. 말 그대로 한여름의 크리스마스였다.

지금까지 겨울 속 화이트 크리스마스만을 보고 자라온 나에게는 어딘가 낯설고 이상해 보이는 크리스마스였다. 크리스마스 같지 않은 크리스마스 같은, 뭔가 가짜 같은 느낌이었다. 진짜 크리스마스가 아닌, 크리스마스인 척하는 영화 촬영 현장 같다고 해야 할까? 나에게는 그저 며칠 동안 일어난 12월의 해프닝일 뿐이었다.

아직까지 나는 춥지만 따뜻한 겨울의 크리스마스가 더 좋다. 크리스마스라는 이유로 니트나 털모자, 목도리, 장갑 같은 빨간색 겨울 아이템을 착용하고 친구들을 만나는 것도, 따뜻한 음식과 음료로 몸을 녹이며 대화를 나누는 것도, 입김을 폴폴 내뿜으며 화려한 조명의 트리와 장식들을 보는 것도 나에게는 익숙한 크리스마스의 기억이자 추억이다.

그 익숙함 때문인지, 나에게 크리스마스는 꼭 그렇게 보내야만 할 것 같다. 그래야 비로소 진짜 크리스마스를 즐기고 있다는 느낌이 드는 것 같다. 발리에서의 두 번째 크리스마스도 나에게 별다른 감흥이 없었던 걸 보면 말이다.

발리에서 살기 전에는 언젠가 한 번쯤은 여름 나라로 여행을 가서 한여름의 크리스마스를 느껴 보고 싶다는 생각을 했었다. 아마 여행이었다면 발리에서의 크리스마스도 조금은 특별하게 다가왔을지도 모른다. 분명 모든 광경을 신기해하며 여름 속의 크리스마스를 즐겼을 것이다.

그런데 여행이 아니라 이제는 일상이 되어 버려서일까? 한국에서 보고 느꼈던 겨울의 크리스마스가 너무 보고 싶다. 1년 내내 여름인 발리도 물론 좋지만, 이럴 땐 사계절마다 다른 모습의 추억과 기억이 그립기도 하다.

좋아하는 계절이 오기를 기다리는 것, 좋아하는 계절의 옷이 있다는 것, 계절마다 즐기는 음식과 할 수 있는 일들이 다 다르다는 것이 지금 생각해 보면 참 좋았다. 지금은 단순해서 좋지만, 전에는 다양함이 있어 좋았다. 그리고 그 다양함 속에 늘 행복한 기다림이 있어 좋았다.

내가 살았던 서울의 여름과 지금 살고 있는 발리의 여름이 다르듯, 같음 속에 다른 것들이 나에게는 아직 어색하다. 마치 발리에서의 크리스마스처럼.

이렇게 또 한 해씩 반복해서 겪다 보면, 언젠가는 발리에서 보내는 한여름의 크리스마스도 익숙하게 느껴지는 날이 올까?

오토바이 택시

서울에서 지하철이나 버스를 타고 이동하듯, 발리에서는 오토바이 택시를 타고 이동한다. 물론 큰 짐이 있을 때는 자동차 택시를 이용하지만, 특별한 일이 없는 날엔 대부분 오토바이 택시를 탄다.

나는 발리에서 생활하기 전까지는 오토바이를 거의 타 본 적이 없었다. 어릴 때부터 오토바이는 절대 타면 안 된다는 부모님의 말씀을 듣고 자라며, 오토바이는 위험한 이동 수단이라는 인식이 머릿속에 강하게 새겨져 있었다. 게다가 꼭 타야 할 일도, 타 볼 기회도 없었다.

처음 발리를 여행했을 때부터 오토바이 택시를 탄 것은 아니었다. 첫 여행에서는 자동차 택시만 이용했다. 더운 날씨에도 시원하게 이동할 수 있고, 무엇보다 더 안전하다고 생각했기 때문이다. 물론, 발리의 교통 체증을 직접 겪기 전까지는 말이다.

처음에는 기사님을 의심한 적도 있었다. 지도상으로는 가까운 거리인데도 빙 돌아가는 경우가 많았고, 차가 다닐 수 있을까 싶을 만큼 좁은 골목길로 들어섰다가 양쪽에서 차량이 통제되지 않아 한참 동안 기다려야 할 때도 있었다. '기사님이 다른 곳으로 가는 건가? 일부러 돌아가는 건가?' 혹시나 하는 마음에 불안해지기도 했다.

기사님도 우리가 이상하게 생각하고 있다는 걸 느끼셨는지, 영어와 한국어를 섞어 가며 열심히 설명해 주셨다. 발리에는 일차선 도로나 일방통행인 길이 많아 교통 체증이 항상 심하다고 했다. 그리고 혹시 다음 일정이 아직 정해지지 않았다면, 미리 경로를 찾아보고 일정을 짜 두는 것이 이동 시간을 단축하는 데 도움이 된다고도 알려 주셨다.

그렇게 우리는 여행하는 동안 직접 보고, 느끼고, 깨달았다.

'아, 이래서 오토바이 택시를 타는 거구나.'

그리고 그 이후, 두 달 살기를 준비하면서 더는 같은 실수를 반복하지 않겠다고 다짐했다. 그래서 이번에는 오토바이 택시 타기에 도전해 보기로 했다.

첫 오토바이 택시를 타기 전까지, 블로그 글부터 유튜브 영상까지 열심히 찾아보았다. 지금 생각하면 별일도 아니었지만, 그때의 나는 모든 것이 걱정투성이였다. 오토바이가 도착하면 어떻게 찾아서 타야 하는지, 어떻게 올라타야 하는지, 어디를 잡아야 하는지…. 세세한 부분까지 하나하나 찾아보며 공부하듯 메모해 두었다.

발리에서 두 달 살기를 시작하고, 드디어 처음으로 오토바이 택시를 타던 날. 한 오토바이가 나에게 다가와 말을 걸었다.

"Gaga?"

"Yes, I'm Gaga."

기사님이 건네준 헬멧을 받아 쓰고, 오토바이에 올라타는 것까지는 무난하게 잘했다. 문제는 그다음이었다. 블로그에서 본 것처럼 분명 뒤쪽에 잡을 곳이 있다고 했는데… 도무지 어디를 잡아야 할지 찾을 수가 없었다. 그 순간 오토바이가 출발했고, 우왕좌왕하던 나는 결국 기사님의 어깨를 꽉 붙잡은 채로 이동했다.

지금은 오토바이 택시가 어느새 일상이 되었다. 서울에서 지하철이나 버스를 타듯, 발리에서도 자연스럽게 오토바이 택시에 오르고 내린다. 처음처럼 기사님의 어깨를 꽉 잡을 일도 없고, 이제는 내릴 때까지 막힘없이 행동할 수 있다.

나는 서울에서 지하철과 버스 중 하나를 고르라면 버스를 더 좋아하는 사람이었다. 귀에 이어폰을 꽂고 좋아하는 노래를 들으며, 커다란 창문 너머로 바깥 풍경을 바라보는 그 시간이 너무 좋았다. 창문을 열면 햇빛과 바람, 그리고 공기 속에 섞인 냄새까지 함께 느껴지는 버스가 어둡고 답답한 지하철보다 훨씬 더 좋았다. 물론 지하철이 더 빠르긴 했지만.

그런데 지금은 오토바이 택시가 단연 내 마음속 1순위다. 사방에 벽도 지붕도 없어 햇빛과 바람을 온몸으로 느낄 수 있는 오토바이 택시를 타고 달리다 보면, 답답했던 무언가가 뻥 뚫리는 듯 시원하고 상쾌한 기분이 든다. 차 안에서 바라보는 풍경과는 달리, 하나의 필터가 벗겨진 것처럼 발리의 모습을 있는 그대로 볼 수 있다.

마치 2D에서 4D로 전환된 듯한 느낌이라고 할까? 그리고 더 집중할 수 있다. 리얼한 현지의 분위기는 물론, 현지 사람들과 세계 각국에서 온 여행객들의 표정과 몸짓 하나하나까지 더욱 생생하게 다가온다. 잠시 멈춰 섰을 때 눈이 마주치면 사람들이 웃어 주기도 하고, 인사를 건네기도 한다. 그 짧은 순간들이 그날 나의 기분을 따뜻하게 만들어 준다. 정말 더운 날이면 '멈추는 순간이 없었으면 좋겠다.'라는 생각이 들 정도로 뜨거운 햇볕을 피해 달리는 그 순간이 짜릿하고 행복하다. 그러다 신호에 걸려 멈춰 서면 아스팔트 위의 뜨거운 열기와 태양 빛을 고스란히 받아야 하지만, 다시 달리기 시작하면 언제 그랬냐는 듯 몸속의 열기가 사라지고 시원함이 온몸을 감싼다.

가끔 한국에 가면 오토바이 택시가 그리워질 때가 있다. 왜 한국에는 오토바이 택시가 없을까? 만약 한국에도 오토바이 택시가 생긴다면 내가 살고 자랐던 집 근처와 추억이 깃든 서울의 예쁜 거리들을 달려 보고 싶다. 그곳들을 다시 둘러보며 아무런 필터 없이 있는 그대로의 풍경을 스쳐 가듯 바라보고 싶다. 예전에 내가 바라보던 모습들과는 다르게, 그때는 미처 보지 못했던 새로운 모습들을 마주하게 될지도 모른다. 지금의 발리처럼.

발리에서의 하루는 오토바이 택시를 타는 것으로 시작된다. 그날의 첫 오토바이 택시를 기다릴 때면 문득 이런 생각이 든다. '오늘은 또 얼마나 신날까?' 오토바이 택시를 타고 이동하는 동안에도 끊임없이 다음 일정들을 상상하게 된다. 오늘 하루는 또 얼마나 즐거울지, 어떤 일이 펼쳐질지 기대하며 발리의 풍경을 즐긴다.

신기하게도 오토바이 택시를 타고 이동하는 하루하루가 새로운 발리의 매력을 보여 준다. 익숙한 동네의 거리도, 바람과 파도, 그리고 조수에 따라 매번 새롭게 보이는 서핑하러 가는 길도. 아직도 내가 모르는 발리의 모습과 풍경들이 이렇게 많구나 싶어 매번 감탄하게 된다.

가끔 별다른 일정이 없는 날이면 아무 이유 없이 오토바이 택시를 타고 정처 없이 돌아다니고 싶어진다. 오토바이 택시는 나에게 없어서는 안 될 이동 수단이자, 나만의 '생각하는 의자'다. 그리고 이 소소한 행복들이 내가 발리와 더 깊이 사랑에 빠질 수밖에 없게 만든다. 나는 이 행복을 잃고 싶지도, 잊고 싶지도 않다.

고마워, 미안해

　새로운 환경 속에서 나는 나에 대해 다시 하나씩 알아가는 과정을 겪고 있다. 내가 미처 몰랐던 나의 모습을 새롭게 발견하는 것도 있지만, 문화가 다른 친구들의 시선으로 바라본 또 다른 나에 대해서도 알게 된 사실들이 많다. 그중 하나는 내가 "고마워, 미안해."라는 말을 정말 자주 한다는 것이었다. 마치 그 말이 자동으로 설정된 로봇처럼(물론 한국어가 아닌 영어로).

　어린 시절부터 연습생 생활을 해 온 나는 수많은 교육 속에서 자라 왔다. 그중에서도 인사는 기본 중의 기본이었기에 "고마워, 미안해."는 나에게 인사말처럼 지극히 자연스러운 말이었다. 그런데 내가 일상에서 이 말을 너무 자주 사용하다 보니, 친구들은 가끔 "뭐가 미안해? 왜 고마워?"하고 장난스럽게 묻곤 했다.

특히 서핑을 할 때는 시작부터 끝까지, 코치는 물론 내가 피해를 준 다른 주변 사람들에게까지 "고마워, 미안해."를 셀 수 없이 반복했다. 한번은 친구들이 "Gaga는 고마워, 미안해를 너무 많이 해."라고 말한 적도 있었다. 그 이야기를 듣기 전까지는 내가 그런 말을 자주 한다는 걸 한 번도 의식해 본 적이 없었고, 설령 그렇다 해도 '그게 잘못이 될 수도 있는 건가?' 하는 의문이 들었다.

친구들의 말을 듣고 난 후, 하루는 서핑을 하면서 주변 사람들을 유심히 지켜본 적이 있다. 그때 누군가 실수로 다른 사람과 부딪히는 장면을 목격하게 됐다. 내가 그 상황의 당사자였다면 분명 "미안해."라고 먼저 말했을 텐데, 그 사람은 물에서 나오자마자 "미안해." 대신 "너 괜찮아?"라며 상대방의 상태를 먼저 살폈다. 그제야 친구들이 왜 그런 말을 했는지 조금씩 이해가 되었다. 나는 고맙고 미안하다는 표현을 모든 상황에서 제한 없이 그저 똑같이 써 왔구나. 처음에는 그런 표현을 자주 한다고 해서 나쁠 게 있을까 싶었지만, 꼭 그렇지만은 않다는 걸 알게 되었다.

요즘은 상황에 맞는 다른 표현을 신중히 고르려 노력

하고 있다. 그럼에도 가끔은 나의 의지와 상관없이 "고마워, 미안해."라는 말이 버릇처럼 툭 튀어나올 때가 있다. 예의범절을 중요하게 여기며 자라 온 한국인이라면 아마 나의 이야기에 "나도, 나도." 하며 공감하는 이들이 많을 것이다. 실제로 서핑을 하다 보면 나처럼 "고마워, 미안해."를 셀 수 없이 말하는 한국 사람들을 자주 보게 된다. 그런 모습을 볼 때마다 '아, 내가 저런 느낌이었겠구나.' 하는 생각이 들기도 하고, 같은 한국인이라 그런지 그 상황이 더 이해되기도 한다.

우연히 유튜브에서 배두나 배우님의 인터뷰 영상을 본 적이 있다. 그 영상에서 서구권에서는 겸손이 오히려 주눅 들거나 자신을 낮추는 것처럼 보일 수 있다는 이야기가 나왔다. 그 말을 들으며 더욱 명확해졌다. 한국에서는 예의로 받아들여지는 행동과 말투가 해외에서는 오해를 살 수도 있겠구나. 그리고 나의 과한 고마움과 미안함이 상대방에게는 불편함이나 부담으로 느껴질 수도 있었겠다는 생각이 들었다.

그래도 억지로 노력해서 부자연스러운 내가 되고 싶지는 않다. 분명 발리에서 살아가다 보면 이런 고민들도, 나의 행동들도 자연스럽게 바뀌어 갈 것이다. 처음 발리에 왔을 때의 나와 지금의 내가 다르듯, 내가 모르는 사이에 나는 또 적응해 나가고 상황에 맞게 변화해 나갈 테니까.

Santai

서핑을 처음 배울 때도, 그리고 지금까지도 코치들에게 가장 많이 듣는 말이 있다.

"항상 Santai(한가로운, 긴장이 풀리고 평온한)해. 패닉만 오지 않는다면 아무 문제도 생기지 않아. 이건 그냥 물일 뿐이야."

서핑을 하면서 가장 중요한 것은 '잘하는 것'이 아니라 '침착하고 평정심을 유지하는 것'이라고 했다. 그 말을 처음 들었을 때는 이유 없는 자신감이 생겼다. 나는 원래 침착하고 평정심을 잘 지키는 사람이라고 생각했기 때문이다. 처음에는 정말 잘했다. 서핑을 배우기 시작한 첫 6일 동안은 가장 얕고 가까운 바다에서 연습했고, 코치들이 내 곁에서 한시도 떨어지지 않았기 때문이기도 했다.

그런데 서핑을 배우면 배울수록, 알면 알수록 처음 느꼈던 자신감은 점점 사라져 갔다. 나는 서핑을 하며 인생에서 처음으로 '패닉'이라는 것을 경험했다. 한 번이 아니라 여러 번의 패닉을 겪는 동안 나조차 몰랐던 내 모습을 마주하게 되었고, '내가 이렇게 반응할 수도 있는 사람이구나.' 하는 새로운 깨달음을 얻었다. 그리고 그제야 코치들이 매번 말해 주던 "항상 Santai해. 패닉만 오지 않는다면 아무 문제도 생기지 않아." 이 말이 전부라는 것을 이해하게 되었다.

아무리 체력이 넘치고, 코어 힘이 좋아 보드 위에서 중심을 잘 잡는다 해도, 패닉에 빠져 평정심을 잃는 순간 모든 것이 한순간에 물거품이 되어 버렸다. 그런 상황을 여러 번 목격하기도 했고, 직접 패닉을 겪으며 뼈저리게 느끼기도 했다.

처음으로 패닉에 빠졌던 순간은 생애 처음 커다란 파도를 마주했을 때였다. 내 앞으로 거대한 파도가 다가오고 있었지만, 나는 얼어붙은 듯 한 걸음도 움직일 수 없었다.

"어어어어…."

소리만 낼 뿐, 나를 향해 밀려오는 파도를 피하지 못한 채 그대로 휩쓸리고 말았다. 그리고 처음 파도를 마주했을 때보다 더 깊은 패닉 속으로 빠져들었다.

그때의 경험은 모든 것이 달랐다. 물속에서 파도와 함께 휩쓸리는 감각은 평소보다 훨씬 강하게 느껴졌고, 물 밖으로 나오는 시간도 몇 배나 길게 느껴졌다. 패닉에 빠진 나는 숨조차 제대로 쉴 수 없었고, 빨리 물 밖으로 나가야 한다는 공포감에 발버둥을 치기 시작했다. 침착하게 가만히 기다렸다면 쉽게 빠져나올 수 있었을 텐데, 패닉에 빠져 몸부림을 치는 바람에 오히려 더 많은 힘이 들었다. 이런 상황을 대비해 배워 두었던 모든 것들이 전혀 기억나지 않았고, 떠올릴 여유도 없었다.

그저 나의 코치가 오기 전까지, 나는 다가오는 파도를 바라보며 "어떡해…."라는 말만 되풀이한 채 불안에 떨고 있었다. 하지만 그 경험은 나에게 많은 것을 가르쳐 주었다.

우선 나는 내가 생각했던 것만큼 평정심과 정신력이 강하지 않다는 사실을 확실히 깨달았다. 그리고 큰 파도를 만났을 때 어떻게 대처해야 하는지도 정확히 배울 수 있었다. 물속에서는 발버둥을 치기보다 오히려 가만히 힘을 빼고 있어야 한다는 것도 몸소 느꼈다.

처음 마주한 패닉은 나에게 무서움과 겁이 아니라, 경각심과 많은 배움을 안겨 주었다. 지금 돌이켜 보면 정말 작은 패닉이었지만, 당시에는 몸이 굳어 아무것도 할 수 없을 만큼 낯선 경험이었다. 그리고 그 경험은 나를 한 단계 성장하게 만든 계기가 되었다. 서핑이 더 재미있어졌고, 서핑에 대해 더 깊이 알아 가고 싶다는 마음도 생겼다.

그 이후에도 작은 패닉을 여러 번 겪으며 새로운 대처법들을 배워 갔고, 그렇게 서핑의 매력에 더욱 빠져들었다.

지금까지 서핑을 하면서 겪은 가장 큰 패닉은 발목과 보드를 연결해 주는 리쉬가 끊어졌을 때였다. 그 사실을 깨달은 순간, 머릿속에는 '내가 안전하지 않을 것'이라는 과대한 망상이 시작되었고, 그와 함께 무서움과 두려움이 몰아치며 거대한 패닉이 찾아왔다.

사실 나는 수영을 하지 못한다. 그동안 서프보드를 마치 튜브처럼 의지해 왔다는 사실을, 이번 사건을 계기로 분명히 깨닫게 되었다. '보드와 분리된 채 파도에 휩쓸리면 떠오르지 못하는 건 아닐까? 수영을 못해서 물 밖으로 나오지 못하면 어떡하지?' 그렇게 망상에 휩싸인 나는 주변 사람들에게 "도와줘! 살려 줘!" 하고 미친 듯이 소리를 질렀다. 온몸이 떨릴 정도로 불안에 사로잡혔고, 아무것도 보이지도 들리지도 않는, 어떤 대처도 할 수 없는 상태가 되었다.

하지만 아무 일도 일어나지 않았다. 빠르게 내 옆으로 다가온 코치가 "Gaga야, Santai해. Don't panic."이라는 말을 반복하며 나를 진정시켰다. 그리고 자신의 리쉬를 내 발목과 보드에 연결해 주자, 조금 전까지의 무서움과 두려움이 민망할 정도로 차분해졌다. 흥분했던 마음이 가라앉고 주변을 둘러보니, 평온한 바다만이 보였다.

지금에 와서 돌이켜 보면 왜 그렇게까지 겁을 먹었을까 싶기도 하다. 하지만 그때만큼은 스스로 통제할 수 없을 만큼 불안과 두려움이 걷잡을 수 없이 커져 있었다.

그 경험 이후, 리쉬가 끊어졌을 때를 대비해 바다에서 수영 연습을 했고, 물과 더 친해지기 위한 노력도 계속했다. 그리고 나는 나에 대해 또 다른 사실을 알게 되었다. 모르는 사람들을 향해 "살려 줘!", "구해 줘!"라고 소리를 지르던 내 모습은 나에게 놀랍고도 신선한 충격이었다. 그 장면은 아직도 머릿속에 동영상처럼 선명하게 남아 있다.

나는 패닉이라는 것이 그저 해롭고 피해야 할 위험한 것이라고만 생각해 왔다. 하지만 직접 겪어 본 패닉은 오히려 나에게 깨달음과 배움을 주는 선생님 같았다.

물론 그 순간에는 무섭고 당황스럽기 마련이지만, 지나고 나면 그 상황을 어떻게 해결해야 하는지 방법과 기술을 몸소 익히게 해 준다. 그리고 자신만만했던 나에게 조심하라는 경각심을 일깨워 주었다. 나는 그제야 '척'이 아니라, 진짜로 평정심을 유지하는 법을 배우게 되었다.

뜬금없지만, 내가 인도네시아어 중 가장 좋아하는 단어가 'Santai'다. 서핑을 하면서 처음 듣고 배운 단어이자, 지금까지도 가장 많이 듣는 말. 그리고 이제는 서핑할 때뿐 아니라, 일상 속에서 답답하거나 당황스러운 순간을 마주할 때도 스스로에게 주문처럼 외우는 단어가 되었다.

"Santai해. Santai하자."

이 말을 되새기다 보면, 신기하게도 거짓말처럼 마음이 편안해진다. 마치 어린아이들이 안정감을 느끼는 애착 물건을 가지고 있듯, 나에게는 이 말이 애착 단어가 된 것만 같다.

앞으로도 수많은 파도를 마주하겠지만, 패닉에 빠져도 괜찮다. 그 속에서 배우고 성장하면 되니까. 그리고 언젠가는 어떤 파도라도 자신 있게 올라타 즐길 수 있을 테니까.

Part 3

행복을 미루지 않기로 했다

특별이란 왕관의 무게

 모든 것을 완벽하게, 그리고 잘하고 싶었던 과거의 나와는 달리 지금은 완벽하고 싶지도, 잘하고 싶지도 않다. 특별한 사람이 되고 싶었던 어릴 적 꿈과는 정반대로, 요즘은 오히려 특별하지 않은 사람이 되고 싶다. 딱 한마디로 말하자면, 마음 가는 대로 막살고 싶다. 먼 미래까지 정해진 계획 없이 '잘한다, 못한다'를 미리 판단하지 않고, 있는 그대로의 나를 받아들이며 즐기듯 살아가고 싶다.

 발리에 오기 전, 내 머릿속에는 '특별하다'라는 단어가 참 많았다. 내가 하는 모든 것에서 제일 특별하고 싶었고, 그렇게 되기 위해 많은 시간을 애쓰며 살아왔던 것 같다. 내가 원하는 특별함의 위치에 도달하지 못했을 때는 남이 주는 스트레스보다 스스로에게 주는 스트레스가 더 심했다.

 특별하다는 것이 도대체 무엇일까? 국어사전에서는

'보통과 구별되게 다르다.'라고 정의한다. 이렇게 간단명료하게, 단 한 문장으로 표현될 줄이야. 거꾸로 생각해 보면, 그래서 더 정확하게 뜻을 설명하기 어려운 단어라는 생각도 든다. 사람마다 떠올리는 '특별하다'의 의미는 저마다 다를 수 있기에, 그 모든 생각을 하나의 정의로 담아내기란 쉽지 않았을 것이다.

누군가에게 특별함이란 외형적으로 눈에 띄는 사람일 수도, 어떤 한 가지를 뛰어나게 잘하는 사람일 수도, 돈이 많거나 성공한 사람을 의미할 수도 있다. 아니면 이 모든 것을 갖춘 사람일 수도 있고.

그렇다면 내가 생각하는 특별함이란 무엇이었을까? 지금까지 나는 특별해지기만을 바라 왔을 뿐, 내가 정의하는 특별함이 무엇인지에 대해서는 단 한 번도 깊이 생각해 본 적이 없었던 것 같다. 그저 매 순간 특별하기를 원했다. 나도 국어사전처럼 한 문장으로 간단히 정의하고 싶지만, 그럴 수 없는 미스터리하고도 복잡 미묘한 단어라는 것은 분명하다. 짐작하건대 욕심이 많던 과거의 나에게는 하나가 아닌, 수없이 나열해도 모자랄 정도로 많은 특별함의 조건들이 있었을 것이다.

발리에서의 나는 예전보다 더 자유롭게 살아 보려 하고 있다. 과거에는 자유 시간을 제한했다면, 지금은 오히려 일해야 하는 시간을 제한하고 있다. 일에 대한 생각, 그리고 먼 미래에 대한 걱정을 조금씩 줄여 나가려 한다. 현재를 즐기자. 현재를 행복하게 살자.

나는 이제 초점을 미래가 아닌 현재에, 그리고 과거의 후회가 아닌 '지금 이 순간 무엇을 해 볼까?'에 맞추려 한다. 당장 코앞의 시간을 어떻게 보낼지 고민만 하는 데 그치지 않고 바로 실행에 옮기려 한다.

말로 들으면 쉬울 것 같지만, 전혀. 생각만 하는 것은 누구나 할 수 있다. 아마 지금 이 순간에도 생각만 하고 있는 사람들은 셀 수 없이 많을 것이다. 하지만 그것을 실행에 옮기는 일은 정말 어렵다. 마치 '다이어트는 항상 내일부터'인 것처럼.

우리는 살아가며 중요한 것들을 간과하곤 한다. 마치 영원히 살 것처럼, 무한한 시간을 가진 것처럼 현재의 시간과 건강한 순간을 아무렇지 않게 낭비한다. 그러고는 끝을 알고 나서야, 혹은 끝이 가까워지고 나서야 비로소 모든 것을 후회한다.

있을 때 잘해, 후회하지 말고.
있을 때 잘해, 흔들리지 말고.
가까이 있을 때 붙잡지 그랬어.
있을 때 잘해, 그러니까 잘해.
이번이 마지막, 마지막 기회야.

— 오승근, 〈있을 때 잘해〉, 2007.

어디서 처음 듣고, 언제부터 알게 된 노래인지는 잘 모르겠다. 하지만 이 부분의 멜로디와 가사만큼은 어릴 적부터 익숙했다. 조금 웃긴 이야기지만, 이 노래는 부모님이 다투실 때 내가 자주 불러 드리던 노래이기도 하다.

어린 시절, 아무 생각 없이 부르던 이 노래는 이제 내가 정신을 다잡고 싶을 때나, 힘을 내고 싶을 때 흥얼거리게 되는 노래가 되었다. 그저 남녀의 사랑 노래라고만 생각했던 그때와 달리 지금의 나에게 이 노래는 '가족이 될 수도, 꿈이 될 수도, 건강이 될 수도, 시간이 될 수도 있는' 인생 전반에 관한 모든 것을 담고 있는 가사처럼 느껴진다. 어떤 상황에 빗대어도 전혀 이상하지 않고, 모두에게 꼭 전하고 싶은 말이기도 하다.

'있을 때 잘해, 후회하지 말고.'

우리의 소중한 시간을 벼락치기 하듯 몰아서 대단하게 쓰려고 하기보다는 대단하지 않게, 일상 속에서 자주 나누어 써 보자.

맞다. 생각만큼 쉽지 않다. 많은 고민과 생각, 그리고 꾸준한 연습이 필요하다. 나도 아직 연습하는 중이다. 요즘 내가 하고 있는 연습은 나의 소중한 시간을 어느 한쪽에만 치우치지 않도록 잘 분배해서 쓰는 것. 그리고 또 하나는 일과 행복 사이에서 적당함을 찾는 것이다.

내가 하고 싶은 일이라도 너무 지나치면 스트레스로 변질되기 마련이다. 오랜 시간 동안 나는 그 적당함을 찾아가는 과정에서 '특별하지 않아도 괜찮다. 특별하지 않게 살고 싶다.'라는 마음을 품게 되었다. 그리고 그 순간부터 모든 것이 이전보다 쉽게 풀려나가기 시작했다.

어쩌면 특별함이란 왕관과도 같다. '왕관의 무게를 견뎌라.'라는 유명한 말처럼, 특별함을 가지려면 그 무게를 견뎌야 한다. 특별함을 갖기 위해서도, 그리고 가지고 난 이후에도.

사람은 쉽게 변하지 않아

나는 감정의 기복이 크지 않은 사람이다. 평소에도 소리 내어 크게 웃거나 화를 내지 않았고, 슬퍼도 눈물을 흘리는 경우는 거의 없었다. 마치 가로로 쭉 그어진 일직선처럼 항상 일정한 감정선을 유지하며 지냈다. 좋게 이야기하면 침착한 편이지만, 가끔은 차갑거나 냉정하다는 말을 듣기도 했다.

가수로 데뷔한 이후에는 이전보다 내 감정을 더 드러내지 않았다. 아니, 드러낼 수가 없었다. 그래서 더욱 의식적으로 감정을 숨기고 참게 되었던 것 같다. 그러다 보니 원래의 내가 어떤 사람이었는지도 기억나지 않을 만큼 모든 감정을 감추고 숨기는 일이 몸에 배어 버렸다. 기쁨도, 슬픔도, 무서움도, 두려움도—언제부턴가 감정을 어떻게 표현해야 할지조차 잊어버릴 만큼 억누른 채 살아왔고, 그렇게 사는 것이 당연하게 느껴질 정도로 마음은 점점 무뎌져 갔다.

미팅이나 오디션을 보러 갈 때마다 빠지지 않고 들었던 질문이 있다. "본인은 어떤 성격이에요?"라는 물음에, 나는 늘 같은 대답을 하곤 했다.

"저도 제가 어떤 성격인지 정확히 모르겠어요. 어릴 때부터 연습생 생활을 하고 데뷔를 하면서 본래 제 성격이 어땠는지 잊어버린 것 같아요. 아니면 바뀐 지금의 성격이 어떤 건지 저조차도 헷갈리는 것 같아요. 상황에 따라 달라지기도 하고, 상대에 따라 눈치껏 다른 사람으로 변하거든요."

정말 그랬다. 나도 내가 어떤 성격인지 알 수 없었다. 카멜레온처럼 상황과 환경에 따라 수시로 바뀌는 내 모습을 나 스스로도 느끼고 있었다. 하지만 한 가지는 확실했다. 내 감정은 잔잔한 호수처럼 큰 변화가 없다는 것. 그래서 연기를 할 때 가장 어려웠던 것도 감정 연기였다. 눈물을 흘리는 건 오히려 어렵지 않았다. 하지만 너무 웃겨서 미친 듯이 웃는다거나, 소리를 지르며 화를 내는 연기는 가장 어려운 감정 연기 중 하나였다. 왜냐하면 단 한 번도 내 감정을 그렇게까지 표현해 본 적이 없었으니까. 경험이 없다 보니 연기도 어색할 수밖에 없었다.

사실 지금도 크게 달라지진 않았다. '사람은 쉽게 변하지 않는다.'라는 말처럼, 발리에 와서 많은 것들이 바뀌었지만 감정을 표현하는 방식이나 성격만큼은 크게 변하지 않았다. 다만, 감정을 표현하는 빈도와 크기는 달라졌다. 여전히 화를 내는 일은 없지만 웃는 일은 훨씬 많아졌다. 정말 웃겨서 웃을 때도 있지만 당황스러워서 웃기도 하고, 내가 바보 같아서 웃기도 한다.

예전에는 사실 웃을 일이 거의 없었다. 웃을 만한 일도 없었고, 심지어 웃긴 영상을 봐도 웃음 포인트가 달라서인지 크게 웃은 기억이 별로 없다. 그런데 발리에서는 정말 자주 웃게 된다. 미친 듯이 박장대소하는 건 아니지만 별것 아닌 데도 웃음이 나고, 작은 일에도 웃고 있는 나를 발견하곤 한다. 일출이나 노을을 보면서도, 고양이나 강아지를 보면서도, 동네 아이들이나 친구들이 장난치는 모습을 보면서도 웃게 된다. 가끔 서핑을 하다 실수를 해도 그저 웃음이 나온다.

사실 발리에서의 삶은 서울보다 훨씬 느리고 답답한 상황이 많다. 그런데도 이상하게 화가 나거나 짜증이 나기보다는 그런 일상마저 웃으며 즐기고 있다. 마치 원래부터 그렇게 살아왔던 사람처럼 느린 삶의 리듬을 자연스럽게 받아들이며 지내고 있다.

그저 모두, 그냥 행복하기를

요즘 나는 '그냥'이라는 단어가 좋다. 누군가가 나에게 발리가 왜 좋으냐고, 서핑이 왜 좋으냐고 물어도 나는 "그냥 좋아."라는 말보다 완벽한 대답은 없다고 생각한다. 정말로 이보다 더 진실된 답은 없다. 진짜 좋으니까. 그리고 이것이 가장 큰 이유이기도 하다. 그 외의 다른 이유들은 그저 "그냥 좋아."를 돕는 부가적인 것들일 뿐이다.

발리에서의 내 일상 속 모든 행동과 선택에는 대단한 이유가 없다. 그냥 좋아서, 또는 그냥 싫어서. 단순하게 생각하고, 빠르게 선택하고, 결정한 뒤 곧바로 행동한다. 무엇을 좋아하고 싫어하는 데 꼭 이유가 있어야 할까? 모든 선택에는 반드시 이유가 따라야 할까? 그렇지 않다면 이유 없는 선택은 잘못되었거나 틀린 걸까? 우리는 이유 없이 무언가를 좋아하거나 싫어할 수도 있고, 이유 없이 어떤 선택을 할 수도 있다.

생각해 보면, 나는 오히려 많은 고민 없이 단순하게 생각하고 선택했을 때 더 후회 없고, 더 잘한 결정을 내렸던 적이 많았다. 발리에서 살기로 마음먹은 것도 그랬다. 그런데 자꾸 이유를 찾으려 한다. 아니, 이유를 찾게 만든다. 그리고 이유를 찾는 과정에서 더 많은 혼란과 앞선 걱정들이 쏟아져 나온다. 내 선택이 맞는 걸까 하는 의심은 나를 끝없는 블랙홀 속으로 끌어당겼고, 그런 행동들은 결국 내 삶을 더 피폐하게 만들었다.

예전에 내가 왜 그렇게 피곤하게 살았나 돌아보면, 나는 모든 선택과 결정에 그것을 뒷받침할 이유를 찾으려 애썼고, 마땅한 이유가 없으면 구태여 만들어 내려 했다. 나를 위해서가 아닌, 남을 위해서. 혹시 이 글을 읽으며 공감하고 있다면, 앞으로는 이유를 찾는 행동을 멈추라고 말해 주고 싶다. 남을 위해서가 아니라, 나를 위해서.

그저 단순하게 생각하고 행동하면 된다. 좋아하는 것은 그 자체로 즐기고, 싫어하는 것은 바로 잊으면 된다. 굳이 싫어하는 이유를 찾아가며 계속 떠올리고 상기시킬 필요는 없다. 그저 있는 그대로 보고 느끼며, 내 감정 속 좋고 싫음을 단순하게 받아들여 보자.

최근 들어 친구들의 생일이나 축하할 일이 있을 때마다 자주 건네거나 글로 남기는 문장이 하나 있다.

"그냥 행복하자."

요즘은 모두가 그냥 행복했으면 좋겠다. 구체적인 이유 없이, 꼭 이유를 찾거나 만들지 않아도 있는 그대로의 행복을 온전히 즐길 수 있기를 바란다. 굳이 이유를 찾아 남에게 설명하지 않아도 괜찮다. 나의 행복은 나의 것이다. 그러니 누구에게 설명할 필요도, 행복해 보이려 애쓸 필요도 없다.

SNS에는 행복해 보이는 사진을 올리지만, 정작 현실은 그렇지 않을 때가 많다. 행복은 남에게 인정받거나 축하받아야만 하는 것이 아니다. 그저 나의 감정 중 하나일 뿐.

행복은 경력이 아니다. 날짜순으로 쭉 나열하며 반드시 기억해야 할 이유도, 더 과장하거나 꾸며 낼 필요도, 굳이 누군가에게 잘 보여야 하는 것도 아니다. 나의 슬픔과 힘듦을 모두와 공유하지 않듯, 행복도 마찬가지다.

행복은 혼자서 조용히 누려도 괜찮고, 가족이나 친한 친구들과 함께 나눠도 좋다. 그저 아무 부담 없이 편하게 즐기면 되는 것. 그 이상도, 그 이하도 아니다. 그리고 내가 정말로 행복하다면 노력하지 않아도 자연스럽게 주변에 전해질 것이다.

그러니 행복해 보이기 위해 애쓰기보다는, 진짜 자신만의 행복을 찾아 온전히 즐기기를 바란다.

그저 모두, 그냥 행복하기를.

니아스섬 Nias Island I

나는 어릴 때부터 자연을 좋아했다. 특별한 이유는 없었지만, 주변 친구들이 할머니 취향이라고 놀릴 정도로 산이나 계곡 같은 곳을 좋아했다. 평소 가장 좋아하는 색이 초록색일 만큼 초록초록한 세상이 너무 좋았다.

그래서인지 데뷔를 하고 나서도 내가 좋아하는 순간 중 하나는 지방 스케줄을 갈 때 국도를 따라 펼쳐지는 풍경을 바라보는 시간이었다. 귀에 이어폰을 꽂고 좋아하는 노래를 들으며, 차창 밖으로 스쳐 가는 자연을 보는 그 시간이 바쁜 일정 속에서 작은 힐링 타임이 되어 주었다.

데뷔 후, 음악 방송이나 패션 관련 프로그램을 제외하고 가장 해 보고 싶었던 프로그램이 하나 있었다. 바로 〈정글의 법칙〉. 쉽게 갈 수 없는 대자연 속으로 떠나 직접 경험하고 느껴 볼 수 있다는 것, 그 자체가 나에게는 오랫동안 꿈꿔 온 일이었다. 뭐, 결국 가 보지는 못했지만.

한번은 발리에서 니아스Nias라는 섬으로 서핑 트립을 떠나게 되었다. 인도네시아의 수많은 섬들 가운데서도 전 세계 서퍼들이 사랑하는, 일명 '파도 공장'이라 불리는 곳이었다.

매일 서핑하던 익숙한 발리가 아닌, 새로운 섬에서의 서핑. 조금은 겁이 났지만, 평소 함께 서핑을 배우던 노르웨이 친구와 오스트리아 친구가 간다고 해서 나도 용기를 내 보기로 했다. 나보다 모험심이 더 강한 친구들 덕분에, 우리는 비행기를 타고 편하게 갈 수도 있었지만 경유지도 둘러볼 겸 로드 트립을 선택했다.

첫날, 우리는 발리에서 비행기를 타고 메단Medan으로 이동했다. 메단 공항에서 하룻밤을 보낸 뒤, 다음 날 아침 미리 예약해 둔 차를 타고 선착장으로 향했다. 이동하는 내내 창밖으로 마주한 메단의 풍경은 발리와는 전혀 다른 모습이었다.

발리와 달리 관광객이나 외국인이 많지 않아서인지,

나와 서양인 친구들을 신기한 듯 바라보는 어른들과 아이들의 시선이 끊이지 않았다. 열린 창 너머로 서투른 영어로 인사를 건네거나 말을 걸어오는 사람들도 있었다.

가는 길은 정말 험난했다. 구불구불한 산길과 비포장도로는 기본이고, 중간중간 공사 중인 구간까지 많아 여러 차례 우회한 끝에 겨우 배 시간에 맞춰 도착할 수 있었다. 그렇게 오전 일찍 출발한 우리는 깜깜한 저녁이 되어서야 배에 몸을 실었다.

배는 생각 이상으로 컸다. 먼저 서프보드를 짐칸에 싣고, 우리가 예약한 방을 찾아 올라갔다. 네 개의 작은 침대가 놓인 캡슐형 객실. 예상보다 훨씬 좁고 열악했지만, 누워서 갈 수 있다는 것만으로도 감사했다.

사실 나는 뱃멀미를 한다. 오는 내내, 그리고 배에 오르기 직전까지도 '멀미가 나면 어쩌지.' 하는 걱정과 불안으로 가득했다. 그런데 긴장했던 시간이 무색할 만큼, 배가 움직이기도 전에 깊은 잠에 빠져 버렸다. 심지어 도착을 알리는 뱃고동 소리에 깰 때까지 통잠을 잘 정도였다. 처음 해 본 로드 트립이 정말 고되긴 했던 모양이다.

눈을 뜨자마자 짐을 챙겨 곧바로 갑판으로 나갔다. 저녁에 출발해 아무것도 보이지 않던 밤바다. 그런데 선상 위에서 때마침 장엄한 일출이 펼쳐졌다. 배 위에서 바라본 해돋이는 매일 서핑을 하며 보던 것과는 또 다른 매력이 있었다. 매일 보아도 멋진 장면이 그날은 유독 더 웅장하고 장엄하게 느껴졌다. 멍하니 일출을 바라보다 보니, 빽빽한 나무들로 둘러싸인 니아스섬이 점점 가까워지고 있었다.

우리는 3일에 걸쳐 드디어 니아스섬에 도착했다.

니아스섬 Nias Island II

니아스섬의 첫인상은 마치 내가 꿈꿔 왔던 〈정글의 법칙〉 속 한 장면을 보는 듯했다. 발리에서는 흔히 볼 수 있던 편의점이나 마트는 물론, 은행이나 ATM 기계조차 찾아볼 수 없는 작은 마을. 심지어 작은 와룽(현지 식당)이나 세탁소도 보이지 않았다.

우리가 머문 숙소는 메인 서핑 스팟인 소라케 비치 Sorake Beach 바로 앞. 열흘 동안 대부분 이곳에서 서핑을 했다. 오전에 한 번, 오후에 한 번. 오전 서핑을 마친 뒤에는 아침 식사를 하고 서핑 영상을 보며 리뷰하는 시간을 가졌다. 그리고 쉬는 시간에는 시내에 들러 간식을 사 오거나 주변을 구경하러 다니곤 했다.

그중에서도 내가 가장 좋아했던 곳이 있다. 이 길이 맞나 싶을 정도로 정돈되지 않은 숲길을 헤쳐 나가다 보면 암초로 만들어진 자연 수영장이 모습을 드러낸다. 마치 바다와 이어진 듯한 자연 속 작은 어항 같은 그 공간은 말로 표현할 수 없을 만큼 아름다웠다. 살면서 이런 곳을 직접 볼 수 있다는 사실만으로도 경이로웠고, '이런 곳이 실제로 존재하는구나.' 싶을 만큼 자연의 위대함이 느껴졌다.

위에서 내려다보면 이름도 모를 다양한 해양 생물들이 보였다. 그중에는 가재도 있었고, 니모로 잘 알려진 흰동가리들도 유유히 헤엄치고 있었다. 물이 워낙 맑아서 물 속으로 뛰어들면 마치 물고기들과 함께 수영하는 듯한 기분이 들었다. 수영하며 올려다본 하늘은 어찌나 새파랗고 예쁘던지. 물 위에 둥둥 떠 있기만 해도 그 순간 자체가 너무나 행복했다. 앞을 보면 드넓은 바다, 뒤를 보면 빽빽한 야자수 나무들. 그곳이야말로 천국 같고, 지상 낙원 같은 곳이었다.

이렇게 즐기다 보면 금세 허기가 져서 숙소로 돌아가 점심을 먹고, 다시 오후 서핑을 하러 바다로 나갔다. 서핑을 마치고 돌아오면 딱 일몰 시간. 테라스에 앉아 석양을 배경으로 바다에서 뛰노는 동네 아이들을 바라보고 있노

라면 정말 이게 현실일까 싶으면서도, 영화 속 한 장면에 들어와 있는 듯한 기분이었다.

이곳에서는 너무도 당연한 일상이겠지만 나와 친구들에게는 모든 것이 순수했고, 때 묻지 않은 현실이 꼭 비현실처럼 느껴졌다. 그렇게 길게만 느껴졌던 3일간의 로드 트립과는 달리, 니아스에서의 10일은 순식간에 지나가 버렸다.

마지막 일정을 마친 나는 친구들과 헤어진 뒤, 발리가 아닌 한국으로 향하는 비행기에 올랐다. 그리고 두 번의 경유 끝에 마침내 한국에 도착한 순간, '니아스에서의 10일이 정말 꿈이었나?' 싶은 마음이 들었다.

마음의 여유는 어디에서 오는 것일까

예전에 친구들과 장난처럼 이런 이야기를 나눈 적이 있다. "마음의 여유는 통장 잔고에서 나온다." 그때는 그 말이 맞는 것 같다고 공감했지만, 어쩌면 그렇게라도 웃고 떠들며 잠시나마 힘겨운 현실을 잊고 싶었던 것 같다.

마음의 여유란 무엇일까? 어떤 느낌일까? 나도 언젠가는 그런 여유를 느끼며 살 수 있을까? 생각은 꼬리를 물고 끝없이 이어졌다. 그러다 문득, 마음의 여유라는 것은 미지의 동물인 유니콘처럼 실체는 없고 말로만 떠도는, 실제로는 느낄 수 없는 것일지도 모르겠다는 생각이 들었다.

그런데 찾았다. 없을 줄 알았던 마음의 여유를. 발리에서 지내는 동안 나도 모르는 사이에 찾게 되었다. 정확히 언제부터였는지는 잘 모르겠다. 도대체 내 마음의 여유는 언제, 어디에서 왔을까?

발리에서 지내기 시작한 어느 순간부터 주변 친구들과 지인들, 그리고 나를 좋아해 주는 팬분들과 SNS 속 팔로워들까지 내 사진과 영상을 보며 '진짜 행복해 보인다.'라고 말해 주었다. 가끔 한국에 가서 사람들을 만나면 내 얼굴이 무척 편안해 보인다고들 했고, 20대 시절을 함께 보낸 멤버들은 "무언가를 해탈하고 깨달음을 얻은 사람 같다."라고 말하기도 했다.

그런 말을 들을 때마다 수긍했다. 사실이었다. 나는 행복했고, 마음이 편안했다. 그동안의 여러 경험을 통해 깨달음도 얻었다. 무엇보다 내가 느끼는 감정이 남들의 시선에도 그대로 비친다는 사실이 그저 신기할 따름이었다. '나의 편안함과 안정감이 다른 사람에게도 느껴지는구나. 내가 원하는 방향으로 잘 가고 있구나. 잘 지내고 있구나. 잘 살고 있구나. 내가 한 선택이 틀리지 않았구나.'

지금까지도 정확히는 알 수 없지만, 내가 느끼는 마음의 여유는 마음의 휴식과 안식에서 오는 것 같다. 발리에 와서 내가 했던 일들을 떠올려 보면, 나는 그저 마음의 편안함과 자유로움을 찾기 위해 하고 싶은 것을 하고, 먹고 싶은 것을 먹고, 배우고 싶은 것을 배우며 휴식과 안식을 취했을 뿐이다. 그리고 그 시간 동안 머릿속에 풀어내지 못한 생각들과 마음 한편에 남아 있던 감정들을 애써 하나씩 정리하려 들기보다는, 그저 조용히 놓아주었다.

내가 힘들게 노력해서 얻은 결과물이 아니라, 어느 순간 자연스럽게 그렇게 되었다. 시간이 지나고 보니, 나도 모르게 내 모든 생각과 반응이 긍정적으로 바뀌어 있었다. 대단한 마음 수련을 한 것도, 모든 것을 포기한 것도 아니었다. 언제부턴가 엉망진창으로 꼬여 있던 감정들과 생각들이 풀어졌고, 한 가닥 실처럼 내 마음과 정신도 단순해졌다.

마음의 여유는 생각지도 못한 순간, 자신도 모르게 찾아오는 것 같다. 나 역시 스스로는 잘 느끼지 못했듯이. 그리고 어쩌면 나보다는 주변 사람들이 먼저 느끼고 알아차리는 것 같다. 마음의 여유라는 것은 스스로 깨닫고 찾아내는 것이 아니라, 남들에게 먼저 느껴지고 보이는 오라 같은 것이 아닐까.

예전에 나와 내 친구들처럼 마음의 여유를 찾고 싶어 하는 이들이 있다면, 굳이 애써 찾으려 하지 말라고 말해주고 싶다. 그보다는 마음이 편안해지는 방법과 방향을 찾는 데 시간과 정성을 들이라고 전하고 싶다. 마음이 편안해지면, 그토록 찾고 싶었던 마음의 여유는 어느새 자신도 모르게 곁에 와 있을 테니까.

하늘 시계

발리에서 보내는 오전 시간 중 내가 가장 좋아하는 순간은 일출을 바라볼 때다. 깜깜하던 이른 새벽, 불그스름한 빛을 머금고 서서히 떠오르는 일출은 말로 다 표현할 수 없는 경이로움을 선사한다. 여러 빛깔이 어우러져 단 하나의 색으로 정의할 수 없는 오묘한 빛을 내뿜는 그 아름다움 앞에서는 매일같이 "우와." 하는 짧은 탄성이 절로 나온다.

한국에서의 일출은 보통 새해나 특별한 날에 한 번씩 보는 이벤트 같은 것이었다. 혹은 바다나 산으로 여행을 떠났을 때 전날 늦게까지 놀고 지친 몸을 억지로 일으켜 아슬아슬하게 맞춰 보러 가는, 그야말로 특별한 순간이었다. 하지만 지금, 내 삶 속에서 일출은 또 다른 특별함이자 '나만의 의식' 같은 순간이 되었다.

바다 위에 둥둥 떠서 바라보거나, 서핑을 하며 마주하는 일출은 그 어떤 말로도 표현하기 어렵다. 굳이 비유하자면, 놀이공원에서 바이킹을 탈 때 느껴지는 간질간질한 짜릿함과 비슷하다. 몸속 어딘가가 간질거리고, 괜히 화장실에 가고 싶어지는 듯한 그런 느낌. 가끔은 그 순간이 너무 비현실적으로 느껴져, 내가 보고 있는 광경이 꿈인지 현실인지 헷갈릴 때도 있다.

한국에서는 불규칙한 생활 패턴 탓에 일출을 보는 날이 드물었다. 간혹 보게 되더라도 집 안 창문 너머로 조그맣게 비치거나 실내로 쏟아져 들어오는 붉은 햇빛 정도에 불과했다. 온전히 일출을 느낄 여유가 없었던 것도 사실이다.

아마 핸드폰 속 시계만 바라보며 초조하고 바쁘게 살던 과거의 나는 하늘이 어떤 모습이었는지조차 신경 쓸 겨를이 없었을 것이다. 그저 어딘가로 향하는 차 안에서 멍하니 창밖을 바라보다가 아무 생각 없이 스쳐 지나치는 장면일 뿐.

하지만 요즘의 나는 아침 하늘에 떠오르는 일출을 보

며 "오늘도 잘해 보자."고 다짐하고, 오후 하늘에 지는 일몰을 보며 "오늘 하루도 건강하고 행복하게 보냈다."고 스스로를 다독인다. 그렇게 하루가 저물고 있음을 알아차린다. 이제 나에게 하늘은 핸드폰이 없어도 시간을 알려 주는 '하늘 시계'가 되어 주고 있다.

나만의 추천템, 템페

한국에 청국장이 있고, 일본에 낫또가 있다면, 인도네시아에는 템페Tempe가 있다. 나는 청국장도 낫또도 가리지 않고 잘 먹는 편이지만, 인도네시아에서 템페를 맛본 뒤로는 내 마음속 1순위가 템페로 바뀌었다.

청국장과 달리 냄새가 없고, 낫또처럼 끈적한 식감도 없는 템페는 조리 방법에 따라 맛과 식감이 다양하게 달라진다. 하지만 어떤 방식으로 조리하든 맛있게 즐길 수 있는 식재료다.

발리에 오기 전, 한때 나이어트와 건강한 식새료에 관심이 많았던 시기가 있었다. 그때 한국에서 만든 템페를 먹어 본 적이 있었지만, 당시에는 템페가 인도네시아 음식인 줄도 몰랐다. 내 기억 속 그 템페는 비쌌고(현지에서는 저렴한 식재료다), 맛있다는 느낌도 들지 않았다. 단지 건강에 좋고 다이어트에 도움이 된다고 해서 먹었을 뿐. 그래서 한 번 사 먹어 본 뒤로는 다시 찾지 않았다.

발리에 와서도 처음부터 템페를 찾아 먹은 것은 아니었다. 애초에 템페가 인도네시아 음식이라는 사실을 몰랐기 때문에 이곳에서 템페를 떠올릴 생각조차 하지 못했다. 발리 생활 초반에는 먹어 보고 싶은 현지 음식이 너무 많아 매일 새로운 인도네시아 음식을 찾아다니다가, 시간이 지나면서 자연스럽게 내가 좋아하는 식당들을 반복해서 찾게 되었다.

그중에서도 내가 가장 좋아하는 곳은 다양한 반찬을 취향에 따라 골라 먹을 수 있는 나시짬뿌르Nasi Campur 집이었다. 매일 새로운 메뉴에 하나씩 도전하며 도장 깨기를 하던 어느 날, 처음 보는 요리들을 집었더니 직원이 '템페'라고 알려 주었다. 그 순간 '어? 예전에 먹어 본 것 같은데?' 하는 생각이 스쳤고, 잊고 있던 기억이 불쑥 떠올랐다.

그날 먹은 템페는 한국에서 먹었던 것과 전혀 다른 맛과 식감이었다. 너무 맛있어서 끼니마다 먹고 싶을 정도였다. 자주 가던 식당에서 여러 템페 요리를 맛본 뒤에는 다른 식당의 템페 요리도 찾아다니며 비교해 보기 시작했다. 그리고 그때부터 '어디에서 무엇을 먹든 템페 요리는 꼭 고르자.'라는 나만의 원칙이 생겼다.

그러던 어느 날, 마트에서 장을 보다가 템페칩을 발견했다. 생각보다 종류가 다양해서 그중 가장 맛있어 보이는 것들을 골라 집으로 가져왔다. 그렇게 하루에 한 봉지씩 맛보는 시간이 그 시절 나에게는 작은 행복이었다.

그때부터 템페칩은 발리에 오는 지인들에게 선물하거나, 꼭 한번 먹어 보라고 권하는 간식이 되었다. 처음엔 다들 "이게 진짜 맛있어?"라며 반신반의했지만, 막상 맛을 보고 나면 돌아가는 길에 캐리어의 남은 공간을 템페칩으로 가득 채워 갈 만큼 좋아했다. 요즘은 내가 한국에 갈 때마다 "템페칩 꼭 사다 줘!"라는 부탁을 들을 만큼 핫 아이템이 되었다.

발리 여행을 앞두고 있다면, 템페로 만든 요리는 꼭 한번쯤 맛보길 추천한다. 발리뿐 아니라 다른 인도네시아 지역에서도 마찬가지다. 여행을 마치고 한국으로 돌아올 때 라면이나 땅콩, 삼발 소스 같은 인기 기념품도 좋지만 템페칩 한 봉지만큼은 꼭 챙겨 와서 즐겨 보길 권한다.

친구들 말로는 한국에서도 템페칩을 팔긴 하지만, 발리에서 파는 것과는 가격도, 양도, 맛도 확연히 다르다고 한다. 그러니 발리에 온다면 한 번쯤은 꼭 경험해 보길!

내 삶의 고수

．

우리의 취미 생활 속에 '장비빨', '아이템빨'이라는 말이 있듯, 언제부턴가 일상에서도 그런 것들이 경쟁하듯 당연시되고 있다고 느꼈다. 그리고 패션을 사랑했던 나 또한 어느새 그 경쟁에 참여하고 있었다.

사실 나는 어릴 때부터 주관이 뚜렷한 아이였다. 남들과 똑같은 것보다는 나만의 무언가를 찾으려 했고, 늘 다르게 보이기 위해 노력했다. 그래서 유행을 따르기보다는 피하는 사람 중 하나였다. 연습생 시절에도 모두가 무채색의 멋스러운 트레이닝복을 입을 때, 나 혼자 형형색색의 화려한 트레이닝복을 입고 나타나곤 했다. 그러면 함께 연습하던 오빠들이 "도대체 그런 색 옷들은 어디서 살 수 있는 거야?"라며 놀리기도 했다.

그랬던 나는 꿈을 이루어 데뷔하면서 동시에 유행이라는 쳇바퀴에 올라탔다. 뒤처지지 않기 위해 끊임없이 쳇바퀴를 굴렸고, 한 번 굴러가기 시작하자 멈추는 게 쉽지 않았다. 무엇을 사든 다가오는 트렌드에 맞춰 좋은 브랜드의 물건을 골랐고, 그래야만 할 것 같았고, 그러고 싶었다. 보여지는 일을 하는 나에게는 그것이 중요하다고 생각했다.

그런데 어느 순간, 그런 것들이 모두 부질없다는 걸 깨달았다. 매번 유행을 좇는 행위도 점점 지겨워졌고, 조금씩 나만의 색을 잃어 가는 듯했다. 마치 내 삶이 없어지는 기분이었다.

취미 생활에서도 아이템이나 장비 없이 잘하는 사람이 진정한 고수이듯, 삶도 그와 다르지 않다고 느꼈다. 무언가에 기대지 않고 자신만의 방식으로 행복하게 살아가는 것. 그것이야말로 자기 삶을 잘 살아가는 것이 아닐까?

남들의 시선에 갇혀 쓸데없는 장비나 아이템 경쟁 속에서 의미 없는 소비를 반복하고, 뒤처졌다는 생각에 불안과 스트레스를 안고 사는 것이 과연 진짜 자신만의 인생을 살아가는 모습일까? 그것을 행복이라 말할 수 있을까? 물론 그런 삶이 적성에 맞는 사람도 분명 있을 것이다. 하지만 나는 아니었다.

발리에서 생활하는 지금도, 나는 내 삶의 고수가 되기 위해 수많은 장애물과 마주하며 살아가고 있다. 그런데 고수가 되는 길은 생각보다 훨씬 더 힘들고 험난한 여정이었다.

원래 좋아하던 것들에서 벗어났다고 생각하자마자 새로운 관심사가 생기면서 내 안에 잠재되어 있던 욕망들이 슬금슬금 올라오기 시작했다. 발리에 와서 시작한 서핑에 재미를 느끼고 그 매력에 푹 빠진 뒤로는 관련 장비와 아이템들을 찾아보기 시작했다. 한 번 시작된 아이쇼핑은 좀처럼 멈출 줄 몰랐다. 어떤 분야든 유행과 트렌드는 존재하더라. 단지 관심 없던 시절의 나만 몰랐을 뿐.

수많은 브랜드의 제품들 사이에서도 자연스레 요즘 인기 있는 브랜드만 눈에 들어왔다. 계속 보다 보니 '사고 싶다.'라는 생각은 어느새 '사야 하나?'라는 고민으로 바뀌어 갔다.

하지만 예전의 나처럼 무작정 사지는 않았다. 요즘 트렌드 정도만 알아 두고 멈출 줄 아는 사람이 되었다. 그렇게 할 수 있었던 가장 큰 이유는 함께 서핑을 타며 나를 가르쳐 주는 친구들이 곁에 있었기 때문이다. 내가 서핑 장비에 관심을 보일 때마다 그들은 늘 냉정하게 말했다.

"너 아직 그 정도 레벨 아니야. 더 잘 타면 사."

그 말을 들으면 '사고 싶다.'라는 마음이 '열심히 배워서 더 잘 타야지.'라는 다짐으로 바뀐다. 그리고 서핑을 배우면서 점점 더 깨달았다. 브랜드만 보고 사는 게 아니라, 내 체형과 스타일에 맞는 장비를 골라야 한다는 것을.

아직도 나는 멀었다. 하지만 오늘도 열심히 장애물을 넘으며 앞으로 나아가고 있다.

내 삶의 고수가 되기 위해.

누구를 위한 일기인가

어릴 때부터 자연스럽게 일기를 쓰기 시작했다. 유치원 때였던가, 초등학교 때였던가? 처음엔 숙제로 시작했던 일기 쓰기가 어느새 습관이 되어, 잠들기 전 꼭 지켜야 하는 나만의 루틴이 되었다. 해가 바뀔 즈음 새로운 다이어리를 고르는 일은 나에게 주는 작은 선물이면서도, 연말에만 느낄 수 있는 소소한 기쁨이자 행복이었다.

내 책상 서랍 속에는 어린 시절부터 써 온 다이어리들이 연도순으로 차곡차곡 정리되어 고이 누워 있다. 매년 새 다이어리의 포장을 뜯고 지난해의 다이어리를 서랍에 넣을 때면 알 수 없는 기쁨과 함께 무언가를 해냈다는 희열과 성취감마저 들었다. 아마도, 아니, 확실히 나는 일기 쓰기를 좋아했고, 해마다 그것을 꾸준히 이어 가는 나 자신이 제법 멋지다고 생각했던 것 같다.

그러나 오빠의 장례식을 치르고 남겨진 물건들을 정리하다가 문득 이런 생각이 스쳤다. 오빠의 의지와는 상관없이 감추고 싶었던 메모나 일기, 편지 같은 것들을 누군가가 들여다보는 것은 정말 괜찮은 일일까? 내가 남긴 기록들이 훗날 내가 없는 시간 속에서 누군가의 눈에 닿는다면, 그것은 여전히 나만의 것이라 할 수 있을까?

그날 처음으로 일기 쓰기를 멈춰야겠다는 생각을 했다. 어릴 때부터 하루도 빠짐없이 써 오던 일기를 갑자기 멈추는 일은 생각보다 쉽지 않았다. 마음과는 달리, 잠자리에 들기 전이면 또다시 다이어리를 펼쳐 그날의 감정과 생각을 적고 있었고, 이후로도 오랫동안 습관처럼 일기를 써 나갔다. 그러던 중 갑작스럽게 발리살이를 시작하게 되었고, 나는 일부러 캐리어에 다이어리를 담지 않았다. 그래야만 내가 멈출 수 있을 것 같았다.

지금 돌아보면, 나는 왜 그렇게 일기를 썼을까? 내 감정을 남기기 위해? 그날 하루를 또렷이 기억하기 위해? 혹은 누구에게도 말하지 못할 나만의 비밀을 남기고 싶어서? 도대체 무엇을 위해 그토록 열심히 펜을 들었던 걸까? 가끔 책이나 SNS에서 감사 일기처럼 다양한 방식의 일기 쓰기를 독려하는 글을 본다. 그들은 무엇을 위해, 어떤 이유로 일기를 쓰라고 권하는 걸까? 불현듯 깊은 궁금증이 밀려든다.

오빠의 유품을 정리하며, 유일하게 비밀을 지켜 준 존재는 다름 아닌 아이폰이었다. 그리고 유일하게 정리할 수 없었던 것도 아이폰이었다. 비밀번호는 끝내 풀리지 않았고, 어떤 방법으로도 해제되지 않는 잠금은 마치 오빠의 유일한 보안 장치처럼 느껴졌다. 무슨 이유에서든 본인이 아니면 절대 열 수 없다는 아이폰의 그 시스템은 누군가에게는 불편하게 느껴질지 모르지만, 나에게는 오히려 더 믿음직하게 다가왔다.

지금의 나는 더 이상 일기를 쓰지 않고, 아이폰 캘린더에 그날의 짧은 기록만 남긴다. 감정이 아닌, 그저 무엇을 했는지 기억할 수 있을 정도의 간단한 메모만을.

사람들은 시간이 지나면 기억이 미화된다고들 한다. 그때의 감정이 아무리 좋지 않았더라도, 시간이 흐르면 또 다른 관점에서 좋은 추억으로 남을지도 모른다. 결국 먼 훗날, 그 시절의 기억이 어떻게 바뀌든 그 일을 했다는 사실만 남으면 그만이다. 좋게 기억하든 나쁘게 기억하든, 그것은 미래의 나에게 맡겨 둘 자유가 아닐까. 굳이 화나고 힘들었던 감정들까지 남겨, 언젠가의 나에게 불필요한 슬픔을 되살려 주고 싶지는 않다. 좋은 기억으로만 채우기에도 내 마음은 이미 충분히 바쁘니까.

생일 알림 기능

 발리에서의 생활에 푹 빠져 지내다 보니, 시간이 어떻게 흘렀는지도 모르겠다. 그러는 사이 어느덧 5월이 되었고, 나조차 잊고 있던 내 생일이 코앞으로 다가오고 있었다. 서울에 있었다면 굳이 말하지 않아도 가족들과 친구들이 챙겨 줬을 그날이, 이곳에서는 오직 나만 알고 있는 5월의 어느 하루일 뿐이었다.

 어릴 적엔 내 생일을 말하고 알리는 일이 분명 즐거웠던 것 같은데, 지금은 새로 사귄 친구들에게 생일 이야기를 꺼내는 것만으로도 어쩐지 부끄럽고, 괜히 부담을 주는 건 아닐까 싶었다. 그래서 결국 아무에게도 말하지 않았다. 그렇게 발리에서 맞이한 첫 생일은 여느 보통의 날들처럼 특별할 것 없이 흘러갔다.

그래도 괜찮았다. 새로운 생활 터전에서 생일을 보낸다는 것 자체가 나에게는 특별했다. 지금껏 한 번도 겪어 보지 못한 경험이자, 평생 잊지 못할 생일이었다. 한국에서는 많은 축하 인사를 받았고, 잊지 않고 내 생일을 챙겨 준 가족과 친구들에게 더 깊은 감사함을 느꼈다. 여러 지인들도 따뜻한 마음을 담아 축하 인사를 전해 주었다.

그러고 보면, 우리나라는 주변 사람들의 생일을 쉽게 확인할 수 있는 생일 알림 기능 덕분에 따로 알리지 않아도 자연스럽게 축하를 주고받을 수 있다. 발리에서 첫 생일을 보내기 전까지는 한 번도 생각해 본 적도, 관심을 가져 본 적도 없던 이 기능이 익숙한 일상을 벗어나 새로운 상황을 마주하자 비로소 보이기 시작했다.

생각보다 내 생일을 직접 누군가에게 알리는 것은 부끄럽고 어려운 일이더라. 갑자기 생일 이야기를 꺼내는 것도, 언제 어떻게 말해야 하는지도 망설여진다.

아무 생각 없이 당연하게 사용하던 생일 알림 기능이 없는 곳에서 지내다 보니 새삼 깨닫게 된다. 이 기능이 참 좋은 기능이었구나 하는 것을. 별것 아닌 듯하지만, 사실은 세심한 배려가 담긴 정보 제공의 기능이었다는 것을 말이다.

과일의 왕

2023년의 끝자락이었는지, 2024년을 맞이한 지 얼마 되지 않은 1월이었는지 정확히는 기억나지 않지만, 그즈음부터 오토바이 택시를 타고 길거리를 지날 때마다 처음 맡아 보는 낯선 냄새가 나기 시작했다. 이전에는 한 번도 맡아 본 적 없는, 정체를 알 수 없는 그런 냄새였다. 비슷한 냄새는 마트 어딘가에서도 어렴풋이 풍겨 왔다.

그러던 어느 날, 친구들이 요즘 두리안이 철이라며 함께 먹으러 가자고 했다. 나는 친구들의 손에 이끌려 두리안을 파는 트럭 앞까지 따라가게 되었다. 그리고 알았다. 며칠 동안 거리와 마트에서 맡았던 그 냄새가 두리안이었다는 사실을.

두리안을 한 번도 먹어 보지 않은 것은 아니었다. 예전에 대만에서 한입 맛본 적이 있다. 입에 대기도 전에 진동하던 냄새, 베어 무는 순간 느껴졌던 물컹한 식감, 그리고 이상했던 맛까지. 그 후로 두리안은 나에게 '먹지 않는 과일' 중 하나가 되었다.

그런데 친구들에게 이끌려 먹게 된 두리안은 냄새도 향긋했고, (처음에는 망설였지만) 한입 먹어 보니 묘하게 맛있었다. 친구들이 "Enak? 맛있지!" 하며 끊임없이 말해서 세뇌된 걸지도 모르지만, 처음 먹었던 두리안과는 확실히 달랐다. 파인애플을 크림화한 맛이라고 할까? 나에게는 딱 파인애플 맛이 나는 무스케이크처럼 느껴졌다.

'내가 나이가 들어서 입맛이 변했나?' 생각하던 찰나, 두리안을 파는 아저씨가 이야기해 주었다. 두리안은 품종이 워낙 다양해서 맛과 향이 조금씩 다르며, 아마 대만에서 먹었던 건 지금과는 다른 품종이었을 거라고 했다. 정확한 사실인지는 모르겠지만, 분명한 건 발리에서 먹은 두리안이 내 입맛에는 훨씬 잘 맞았다는 점이다.

그날 이후로 나는 두리안의 매력에 푹 빠져 버렸다. 친구들과 만나는 날이면 어김없이 두리안을 먹으러 가자고 해서 한동안은 아무리 손을 씻어도 손끝에서 두리안 냄새가 날 정도였다. 두리안을 먹을 수 있는 시기가 정해져 있다는 사실을 뒤늦게 알고는 굉장히 슬퍼했고, 미리 더 많이 먹어 둘걸 하는 아쉬움을 안은 채 마지막 인사도 없이 헤어져야만 했다.

그리고 돌아온 두 번째 두리안 시즌에는 친구들과 함께 두리안을 파는 곳을 열심히 찾아다녔다. 길거리를 돌아다니며 두리안 냄새가 나는 곳을 따라가다 보면 두리안을 가득 실은 트럭을 발견할 수 있었고, 마음에 드는 모양과 상태의 두리안을 고르면 그 자리에서 직접 잘라 보여주며 상태를 확인시켜 주었다. 만약 상태가 좋지 않으면 다시 고를 수 있었고, 아주 잘 익은 두리안이라면 포장해 가거나 그 자리에서 바로 먹을 수도 있었다.

나는 즉석에서 먹는 것을 좋아했다. 친구들과 옹기종기 모여 수다를 떨며 먹는 두리안이 훨씬 더 맛있고, 더 좋았다. 서로의 먹는 모습을 보며 웃고 놀리기도 하면서 한 조각씩 먹다 보면, 큼직하던 두리안은 어느새 사라지고 씨앗과 껍질만 남아 있었다. 맛있게 다 먹고 나서 한 사람씩 돌아가며 물이나 휴지로 열심히 손을 닦는 모습은 생각만 해도 웃음이 난다.

보통 발리에서는 12월부터 두리안이 하나둘 보이기 시작한다. 철이 막 시작될 무렵에는 트럭이 많지 않아 쉽게 찾기 어렵지만, 한 달쯤 지나면 길거리 곳곳에서 두리안 냄새가 폴폴 날 정도로 흔히 볼 수 있다. 그래서인지 1월에 두리안을 가장 자주 찾아 먹게 되는 것 같다.

원래 1월에 먹는 음식이라면 늘 떡국이었는데…. 아마 내가 계속 발리에 살게 된다면 앞으로 매년 1월에는 가족들과 떡국 대신 친구들과 두리안을 먹으며 보내지 않을까 싶다.

불완전함 속 성장

발리에서 하루하루를 보내다 보니, 예전에는 아무렇지 않게 여겼던 일들이 이곳에서는 당연하지 않다는 걸 자주 느낀다. 그중 하나가 바로 우리나라의 빠른 배송 시스템이다. 서울에 살 때는 필요한 것을 주문하면 다음 날 새벽에 도착하기도 했고, 보통 1~2일이면 받아 볼 수 있었다. 하지만 발리에서 살고 있는 지금은 그렇지 않다. 그렇다고 해서 크게 불편하거나 생활에 지장을 주지는 않는다. 오히려 언제 올지 몰라 잊고 지내다가, 어느 날 문 앞에 놓인 걸 보면 깜짝 선물을 받은 듯 반가운 마음이 든다.

집 앞 편의점만 가도 쉽게 살 수 있었던 우리나라의 식재료들도 지금은 어디서든 손쉽게 구하기 어렵다. 정말 필요하다면 멀리 떨어진 한국 마트나 한국 식재료를 파는 대형 마트까지 가야 하는데 종류도 다양하지 않고, 당연한 이야기지만 가격도 저렴하지 않다. 물론 이것도 나에게는 문제가 되지 않았다. 인도네시아 음식이 한국 음식과 비슷해서인지, 매일 먹어도 질리지 않고 맛있게 잘 먹을 수 있었으니까.

어느 날, 발리 생활을 시작한 지 얼마 되지 않았을 때였다. 오토바이를 타고 내리는 일이 아직 익숙하지 않았던 나는 오토바이 택시에서 내리다 배기통에 발목을 데고 말았다. 임시방편으로 상처를 보호하기 위해 근처 약국 여러 곳을 돌아다녔지만 어디에서도 재생 테이프를 구할 수 없었다. 결국 소독약으로 간단히 응급 처치만 한 뒤, 다음 날 곧바로 병원을 찾아 진료를 받았다. 그리고 병원에서 특별한 치료제를 처방해 주겠다며 건넨 것은 다름 아닌 재생 테이프였다.

서울에서는 베이거나 다쳤을 때, 혹은 피부과에서 점을 뺀 뒤에도 만능 치료제처럼 언제 어디서나 손쉽게 구할 수 있었던 재생 테이프가, 발리에서는 좀처럼 찾기 어려웠다. (실제로 파는 곳이 있었을 수도 있지만, 그 당시에는 약국이든 마트든 어디에서도 찾을 수 없었다.) 도움을 청하려 현지 친구들과 외국인 친구들에게 물어봤을 때도 재생 테이프를 모른다는 사람이 꽤 많았다. 오히려 그런 게 있냐며 나에게 되묻는 경우도 있었다.

발리 생활 초반에는 서울에서의 삶과는 많은 것이 달라져서 처음 겪는 상황들에 당황했던 순간이 정말 많았다. 물론, 지금 생각해 보면 발리살이 신생아의 귀여웠던 추억들이지만. 가끔 친구들이나 가족에게 이런 발리에서의 내 경험담을 들려줄 때가 있다. 그럴 때면 "불편하겠다.", "불편하지 않아?" 하며 나를 안쓰럽게 바라보곤 한다.

그런데 나는 '불편하다'는 감정보다 '이런 것들이 없어도 삶은 크게 달라지지 않는구나. 어떻게든 살아가게 되는구나.'라는 것을 가장 많이 느꼈던 것 같다. 어쩌면 모든 것이 완벽하게 갖춰져 있던 이전의 삶이 나를 더 예민하고 나약하게 만든 것은 아닐까 하는 생각도 들었다.

당연하게 여겨 왔던 것들이 더는 당연하지 않다고 해서 나에게 어떤 문제가 생긴다거나 크게 달라지는 일은 없었다. 오히려 달라진 것이 있다면, 그런 경험을 통해 내가 전보다 더 담대해지고 강인해졌다는 것뿐이다.

지금까지의 경험을 통해서, 그리고 갑작스럽게 발리에

와서 살게 된 지금도 매일 느끼는 것이 있다. 우리의 인생에는 당연한 것이 없다는 사실이다. 새로운 변화는 나도 모르는 사이에 언제 어디서든 찾아올 수 있고, 때로는 당장 내일 나 자신이 그 변화를 만들어 낼 수도 있다. 발리에 오기 전의 나처럼 말이다.

완벽하지 않은 의사소통

　예전에는 언어가 잘 통하지 않는 것이 두려웠다. 내 의사를 정확히 전달하지 못하는 것도, 바보처럼 보이는 것도 싫었던 것 같다. 그래서 과거에는 혼자 떠나는 해외여행을 꿈꿔 본 적조차 없었다. 말이 통하지 않는 곳에 홀로 갈 용기도, 관심도 전혀 없던 나였다.

　그랬던 내가 지금은 혼자 발리에서 살고 있다. 당연히 한국어가 아닌 다른 언어로 의사소통을 하면서 말이다. 보통은 영어로 이야기하지만, 인도네시아어도 조금씩 배우며 현지 친구들이나 발리에 사는 외국인 친구들과는 두 언어를 섞어 대화한다. 한국어를 할 줄 아는 친구들과는 한국어에 영어, 인도네시아어까지 섞어 가며 이야기를 나누기도 한다. 하지만 나는 영어도, 인도네시아어도 완벽하게 구사하지는 못한다. 그저 살아가는 데 필요한 만큼

만 할 수 있을 뿐이다.

특정한 주제로 대화를 나눌 때는 번역 앱을 이용하기도 하지만, 일상적인 이야기는 어떤 언어로든 큰 어려움 없이 이어 갈 수 있다. 발리에는 다양한 국적의 사람들이 모여 있어 내가 영어를 완벽하게 하지 못해도, 인도네시아어가 서툴러도 상대방이 찰떡같이 이해해 주는 경우가 많다. 마치 외국인 친구들이 어설픈 한국어를 해도 내가 자연스럽게 알아듣는 것처럼 말이다. 그래서인지 발리에서 지내는 동안 의사소통이 불편하다고 느낀 적은 거의 없다. 오히려 완벽하지 않은 데서 오는 편안함과 자유로움이 더 많다고 느낀다.

좋은 점도 있다. 한국어는 나의 모국어이자 가장 능숙한 언어이기에 상대방의 어투나 단어 선택, 말하는 방식에 따라 기분이 상하거나 오해가 생길 때도 있다. 하지만 발리에서는 완벽하지 않은 의사소통 덕분인지 대화를 나누며 기분이 나쁜 적도, 누군가에게 선입견이나 편견이 생긴 적도 없었다. 오히려 그런 상황이 재미있는 경험으로 남을 뿐이었다. 이건 누구의 잘못이 아니라 단지 서로의 언어가 다를 뿐이니까.

그리고 그런 과정에서 상대방을 위해 손짓과 몸짓을 보태거나 번역 앱까지 동원해 이해를 도우려는 모습이 너무 고맙고 예쁘게 느껴졌다. 실제로 발리에서 만난 모든 친구들에게 나는 좋은 기억과 고마운 마음뿐이다. 단 한 번도 나쁜 기억을 남기거나 불쾌한 감정을 느끼게 한 사람은 없었다. 어쩌면 완벽하지 않은 의사소통 덕분에 내가 좋은 기억들만 간직하는 것일지도 모른다.

발리에서 살기 시작한 이후로 자주 들었던 질문이 있다. "대화가 잘 통하지 않으면 답답하지 않아? 외롭지 않아?" 하지만 요즘 나는 이 답답함이 좋다. 아마 더 즐기고 있는지도 모르겠다. 나도 상대가 그렇게 해 주기를 바라듯, 그 사람에 대해 너무 많은 것을 알고 싶지도 않고, 원하지 않는 이야기를 굳이 듣추고 싶지도 않다. 꼭 진지하고 깊은 대화를 나눠야만 의미 있는 대화가 되는 것은 아니더라. 많은 생각이 필요하지 않은, 가볍게 오가는 자연스러운 대화 속에서도 좋은 친구를 사귈 수 있고, 기억에 남는 순간을 만들 수 있다.

그리고 외롭지 않다. 발리에서 오랜 시간을 보낸 것은 아니지만, 벌써 나에게는 여러 명의 소중한 인연들이 생겼다. 이곳에서 만난 친구들은 대부분 잠시 여행을 왔거나, 길어야 6개월 정도 머무는 장기 여행자들이었다. 그들이 떠난다는 사실이 아쉽기는 했지만, 한편으로는 알 수 없는 편안함이 느껴지기도 했다. 그래서였을까. 어떤 대화를 나누어도 부담이나 불편함보다는 오히려 더 솔직한 이야기를 주고받을 수 있었다.

발리라는 아름다운 곳에서 우연히 만난 것도, 서로 다른 언어와 문화를 가진 친구들과의 완벽하지 않은 대화만으로도 충분히 특별한 추억이 될 수 있었다. 나에게 발리에서 만난 친구들이 좋은 기억으로 남아 있듯, 그들에게도 나는 발리 여행 중 만난 좋은 한국인 친구로 기억될 테니까.

처음 6일간의 발리 여행에서는 서툰 영어가 자신 없기도 하고, 쑥스럽기도 했다. 잘해야 한다는 부담감과 '남들이 나를 어떻게 볼까.' 하는 생각이 뒤섞인 탓에 할 수 있는 말도 제대로 하지 못했던 것 같다. 하지만 나 홀로 두 달 살기를 시작한 순간부터는 영어를 잘하지 못하더라도 우선 말하고 보는 나 자신을 발견했다. 단순한 단어를 조합해 말하기도 했고, 단어가 떠오르지 않을 땐 번역 앱을 사용해서라도 대화를 이어 가며 문제를 해결해 나갔다.

그랬던 내가 지금은 어려운 주제가 아니라면 어느 정도는 자연스럽게 대화를 이어 갈 수 있게 되었다. 그리고 이 변화의 가장 큰 이유는 나의 마음가짐이었다. '완벽해야 해.'가 아니라 '완벽하지 않아도 괜찮아.'

완벽하지 않아서 오히려 재미있었다. 완벽하지 않기에 느낄 수 있는 자유로움은 완벽했을 때의 성취감 못지않게 큰 매력이 있었다. 그 과정을 통해 나 자신을 바라보는 시선도 달라졌다. 나는 영어도 인도네시아어도 능숙하지 않지만, 그것이 내가 부족해서가 아니라 그저 인간미 넘치는 모습일 뿐이라고 생각하게 되었다.

가만히 생각해 보면, 한국에서 외국인을 만났을 때 '당연히 한국어를 잘하겠지.'라고 기대한 적은 한 번도 없었다. 마찬가지로, 발리에서 만난 사람들도 한국인인 내가 당연히 영어를 잘할 것이라 생각하지 않았다. 그리고 한국어를 하는 외국인의 모습이 귀엽고, 그 노력 자체가 고맙게 느껴지는 것처럼, 발리에서 만난 친구들도 내가 영어나 인도네시아어를 잘하지 못하더라도 열심히 소통하려는 모습을 좋게 바라봐 주었다. 나 역시 친구들이 서툰 한국어를 할 때면 그 모습이 귀엽게 느껴졌고, 잘한다고 칭찬해 주곤 했다.

이제는 내가 완벽하지 않더라도 상대방이 나를 이해해 주고 기다려 줄 거라는 걸 안다. 돌이켜 보면, 나는 오직 나 자신에게만 굉장히 엄격했다. 남에게는 관대하게 이해를 베풀면서도 정작 나에게는 그러지 못했다.

하지만 마침내 알게 되었다. 이제라도 깨닫고 알게 되었다는 사실이 너무 감사하다. 그래서 앞으로는 나 자신에게 더 많은 이해와 관용을 베풀어 주려 한다.

완벽하지 않아도 괜찮아. 그렇게 스스로를 다독이며.

나를 일으킨 강박

한국에서 지냈던 나의 생활과 발리에서의 생활은 마치 전혀 다른 사람의 삶이라고 느껴질 만큼 다르다. 하루를 시작하고 마무리하는 시간도, 무엇을 하며 보내는지도, 무엇을 먹는지도. 그런데 내가 발리에 와서도 변함없이 계속하고 있는 단 한 가지가 있다. 바로 운동이다.

섭식 장애 치료를 위해 다니던 병원에서 의사 선생님은 나에게 여러 강박 중에서도 특히 운동 강박이 있다고 말씀하셨다. 나는 폭식에 대한 보상 심리로 운동을 과하게 했고, 선생님은 치료 과정에서 운동을 의식적으로 줄여야 한다고 하셨다. 하지만 운동을 줄이는 일은 생각만큼 쉽지 않았다.

그 전부터 나는 웨이트 1시간과 유산소 1시간, 총 2시간으로 구성된 운동 루틴에 오랫동안 익숙해 있었다. 그런데 폭식을 시작한 이후부터는 2시간 운동이 나에게 기본값이 되어 버렸고, 운동을 마친 뒤에도 스스로 만족할 때까지 멈출 수 없었다. 그래서 운동을 줄이기보다는 아예 하지 않는 방법을 시도해 보기도 했지만, 일부러 운동을 하지 못하게 하는 상황이 더 큰 스트레스를 주었고, 결국 폭식으로까지 이어졌다.

여러 과정을 거친 끝에 내가 내린 결론은 '운동만큼은 강박이 있어도 괜찮다.'였다. 운동이 나에게 해가 되는 것보다 이로운 점이 더 많다고 느꼈고, 그 시간만큼은 스트레스를 받지 않았기에, 적어도 운동만큼은 통제하지 않고 내가 하고 싶을 때 원하는 만큼 하기로 했다.

그 시기에는 적당한 운동을 하기가 쉽지 않았다. 폭식을 한 뒤에는 보상 심리로 인해 몇 시간씩, 심지어 잠을 자야 할 시간에도 운동을 멈추지 못했다. 그때의 나는 '폭식 → 과도한 운동 → 불면'이라는 쳇바퀴 속을 맴돌며 좀처럼 벗어날 방법을 찾지 못했다. 그리고 나는 그 상태 그대로 발리로 옮겨 왔다.

발리에 도착하자마자 내가 가장 먼저 한 일은 헬스장을 찾는 일이었다. 여기저기 물어보고 알아본 끝에 괜찮아 보이는 한 곳을 선택했고, 지체 없이 1년 회원권을 등록한 것이 나의 발리 생활의 시작이었다.

발리에서의 생활이 시작되면서 어떤 방법으로도 멈추지 않던 폭식증이 자연스럽게 사라졌다. 정상적인 식생활로 돌아온 후에는 보상 심리에 떠밀려 억지로 과하게 하던 운동이 아니라, 그저 하루의 루틴처럼 이어 가게 되었다. 그리고 운동에 대한 강박도 서서히 내려놓을 수 있었다.

발리에서의 생활이 1년쯤 지나자, 매일 2시간씩 운동을 해야 한다는 강박에서도 벗어나게 되었다. 스스로도 믿기 어려울 만큼 나에게는 놀라운 변화였다.

그전에는 어떤 일정이나 약속보다 운동이 늘 우선이었고, 운동을 하지 못하는 상황이 생기면 불안감에 휩싸이곤 했다. 하지만 요즘은 몸이 힘들면 쉬기도 하고, 약속이 있거나 해야 할 일이 있으면 거르기도 한다. 건강한 식생활과 함께 적당한 운동을 하며 지내는 지금의 생활이 그저 신기하고 감사할 뿐이다.

내가 직접 겪은 섭식 장애는 감기처럼 약을 먹는다고 쉽게 낫는 것도, 치료를 받는다고 금세 호전되는 것도 아닌, 결국 스스로 방법을 찾아야만 했던 나 자신과의 싸움이었다. 그 과정에서 나에게 맞는 방법을 이것저것 시도해 보았고, 뜻밖에도 그 해답은 운동이었다.

나는 폭식을 한 뒤 보상 심리로 과하게 운동을 하더라도, 운동을 마치고 나면 그로 인한 불안을 어느 정도 해소할 수 있었다. 그리고 운동을 하기 위해 어쩔 수 없이 밖으로 나가야 했다는 점도 내 증상이 더 악화되지 않도록 막아 주는 데 도움이 되었던 것 같다. 만약 운동을 멈추었다면 집 안에만 머무는 날이 잦아지고, 결국 점점 더 깊은 폭식의 늪에 빠졌을지도 모른다.

어쩌면 발리에 오고 싶다고 느낀 마음조차 계속 운동을 하고 싶었기 때문인지도 모른다. 운동을 멈추고 싶지 않다는 의지가 나를 더 움직이게 했고, 결국 그 마음이 나를 이곳까지 데려온 게 아닐까?

나는 모든 강박이 반드시 나쁜 것만은 아니라고 생각한다. 내가 가지고 있던 운동 강박은 오히려 나에게 좋은 영향을 주었다고 믿는다. 폭식증을 겪던 시절에도, 발리에서의 생활 속에서도 그랬다. 그리고 앞으로의 삶에서 많은 것들이 달라진다 해도 변하지 않을 단 한 가지는 아마도 운동일 것이다.

이제 운동은 마치 먹고 자는 일처럼, 내 하루 일과에서 자연스럽고 당연한 일이 되었다. 가끔 일이 생기면 식사를 거르거나 바쁘면 잠을 덜 잘 때가 있듯이, 운동도 상황에 따라 어떤 날은 조금만 하거나 아예 쉬게 되는 날도 있다.

별일 없는 하루, 별거 없는 행복

나는 술을 못 마신다. 정확히 말하면, 못 마시는 몸으로 바뀌었다. 갓 스무 살이 된 이후 몇 년 동안은 좋아했다. 아마 술이 좋았다기보다는, 맛있는 음식과 곁들여 마시며 대화를 나누는 그 시간이 좋았던 것 같다.

그런데 어느 날, 대상 포진을 앓은 뒤로 더 이상 술을 마실 수 없는 몸이 되었다. 술을 조금이라도 마시면 심장이 빠르게 뛰었고, 목캔디를 먹은 것처럼 머릿속이 화한 느낌으로 가득 찼다. 그리고 밤새 잠들지도 못했다. 시간이 지나 몸속에 있는 알코올을 모두 비워 내고 나서야 비로소 정상적인 컨디션으로 돌아올 수 있었다. 그래서 지금은 술을 전혀 마시지 않는다.

알코올뿐만 아니라 카페인에도 예민한 몸이 되었지만,

술은 마시지 않아도 샷을 조금 넣고 우유를 듬뿍 넣어 커피 맛이 나는 우유 같은 라테는 즐겨 마신다.

나는 담배도 피우지 않는다. 지금까지 피워 본 적도 없지만, 피우고 싶다고 생각한 적조차 없다. 어릴 적에는 가수가 되고 싶다는 꿈과 목 건강을 위해 담배를 멀리했지만, 지금은 딱히 아무런 이유가 없는데도 피우고 싶은 마음이 들지 않는다.

나는 보통 저녁 10시 전후에 자고, 오전 6시 전후에 일어나는 수면 패턴을 가지고 있다. 불면증을 고치기 위해 피나는 노력 끝에 만들어 낸 이 패턴이 어쩌면 지금의 발리 생활을 위한 준비였던 건 아닐까 하는 생각이 들기도 한다. 서핑을 하려면 새벽 일찍 일어나야 했는데, 발리에 오기 전부터 몸에 익혀 둔 생활 패턴 덕분에 큰 어려움 없이 적응할 수 있었다.

발리에서의 나의 하루는 보통 오전에 서핑을 하고, 아침 겸 점심을 먹은 뒤 집에 돌아와 샤워를 한다. 그다음에는 해야 할 일이 있으면 일을 하고, 그렇지 않으면 언어 공부를 하거나 약속이 있을 때는 친구를 만난다. 여유롭게 보내고 싶은 날에는 근처 해변에 나가 바다를 바라보며 멍을 때리기도 하고, 집에서 책을 읽거나 낮잠을 자기도 한다. 저녁을 먹기 전에는 그날의 몸 컨디션에 따라 운동을 하러 가고, 이후에는 간단히 저녁을 먹고 씻은 뒤 쉬다 보면 어느새 잠자리에 들 시간이 돌아온다.

발리에 와서 특별히 대단한 무언가를 더 많이 하거나 새롭게 시도하는 것은 없다. 오히려 전보다 빈틈이 많고 더 간소해진 삶을 살고 있다. 예전의 나는 하루 동안 해야 할 일들을 체크리스트로 정리해 두고 모든 항목에 체크가 되어야만 그날을 잘 보냈다고 느꼈다. 하루를 꽉 채우는 데서 보람을 느꼈고, 그래야만 제대로 살아가고 있다고 여겼다.

그런데 모든 것이 참 많이 달라졌다. 지금의 내 생활 패턴이나 하루 일과가 누군가에게는 노잼일 수도, 아주 건전하고 지루해 보일 수도 있다. 하지만 나는 그 어느 때보다도 행복하고 편안한 나날을 보내고 있다고 말할 수 있다. 아주 자신 있게.

불안하지 않아요?

발리에서 우연히 만난 한국 분들과 대화를 나눌 기회가 종종 있었다. 그리고 가끔 한국에 들를 때도 불쑥 떠나온 발리 생활에 대해 많은 질문을 받곤 했다. 아무래도 갑작스레 이곳으로 삶의 터전을 옮기게 되다 보니, 대부분 비슷한 내용과 패턴의 대화를 나누게 되는 것 같았다.

대화는 늘 "부러워요. 저도 가윤 님처럼 살고 싶어요."라는 말로 시작해, "불안하지는 않으세요?"라는 질문으로 마무리되곤 했다. 그런 대화를 거듭하면서 알게 된 사실 중 하나는, 모두가 자유롭게 살기를 꿈꾸지만 불안하지는 않은 삶을 원한다는 것이었다.

내가 느꼈던, 그리고 지금도 느끼고 있는 자유로움은 불안함과 한 세트와도 같다. 나에게 자유로움은 곧 새로움이었다. 나는 새로움 속에서 자유로움을 느꼈다. 새로운 장소인 발리에 와서 자유로움을 얻었고, 새로운 취미를 시작하면서도, 새로운 친구들을 사귀는 과정에서도 자유로움을 느꼈다. 그런데 새로움은 늘 불안함과 연결되어 있다. 아마 무엇을 하든, 모든 새로운 시작에는 불안이 따를 것이다. 한 번도 해 보지 않은 일을 시도하거나, 가 보지 않은 길을 걷는 것은 누구에게나 두려운 것처럼. 그래서 불안할 수밖에 없다. 해 보지 않았기 때문에 이전과 비교할 수도 없고, 예측하거나 예상할 수도 없다.

나 역시 갑작스레 발리로 떠나올 때도, 이곳에서 지내는 동안에도 행복하지만 불안함이 훅 하고 머릿속을 휩쓸 때가 있다. 하지만 그 불안함을 새로움으로 받아들이고 즐기다 보면 어느새 다시 마음이 편안해지곤 했다.

'내가 발리에서 계속 살아도 되는 걸까?'라는 생각이 들 때면, '내가 언제 또 발리에서 살아 보겠어? 우선 즐기자.' 하며 마음을 달랬다. '많은 돈을 벌지 않아도 괜찮을까?'라는 불안감이 엄습할 때면, '지금 상황에 맞춰 살아가면 되지. 그러다 보면 또 재미있고 새로운 일이 생길지도 모르잖아. 우선 즐기자.'라고 생각하며, 알 수 없는 머나면 미래를 걱정하기보다는 현재에 집중하려고 했다.

그래서 우선은 현재를 즐기고, 미래의 일은 그다음에 생각하기로 했다. 미래만 좇다 보면 불안해질 수밖에 없다. 아직 일어나지 않은 미래는 우리에게 꿈과 희망을 주기도 하지만, 동시에 불안과 조급함을 주기도 한다. 나는 불안하고 싶지 않을 때면 내 생각의 비중에서 미래를 없애 버렸다.

내가 발리에 오기 전, 아빠에게 "당장 내일 죽어도 후회 없는 삶을 살고 싶다."라고 말한 것처럼, 그리고 누구나 한 번쯤은 읽거나 들어봤을 "오늘이 마지막인 것처럼 살아라."라는 말처럼, 나는 오직 현재만을 생각했다. 일어나지도 않은 미래의 걱정 때문에 지금 이 순간의 발리 생활을 망치고 싶지 않았다.

발리에서의 하루는 정말 짧고 빠르다. 행복하고 재미있게 보내기만 해도 하루가 지나가는 것이 너무 아쉬운데, 그 시간을 걱정과 불안함으로 써 버리고 싶지는 않다. 그저 현재를 우선 즐기고 싶다.

이게 나의 "불안하지 않으세요?"에 대한 답이다.

국화처럼

2019년 10월의 어느 날, 대학 시절 나를 가르쳐 주셨던 스님께서 안부 전화를 주셨다. 졸업 후에도 가끔 연락을 드리거나 찾아뵈었지만, 힘들다는 핑계로 한동안 소식을 전하지 못하고 있었다. 먼저 연락을 주신 스님께 고마움과 미안한 마음이 교차하여 한걸음에 그분을 찾아갔다.

절은 처음 가 보는 동네의 언덕배기에 있었다. 낯선 동네라는 이유만으로도 어찌나 설레던지. 내비게이션 안내에 귀를 기울이며 열심히 길을 찾아갔다. 거의 다 왔을 즈음, 입구를 찾지 못해 헤매고 있었는데 스님께서 직접 마중을 나와 주신 덕분에 무사히 절 안으로 들어갈 수 있었다.

짧은 인사를 나눈 뒤, 스님의 뒤를 따라 법당 안으로 들어섰다. 절을 올리기 전부터, 그리고 절을 드리는 동안에도 어쩐지 마음이 두근거렸다. 잘못한 일이 있는 것도 아닌데, 왜인지 절을 할 때마다 알 수 없는 긴장감이 찾아왔다. 모든 예불을 마치고 나서야 오랜만에 맡는 향냄새가 마음에 스며들었다. 그다음에는 스님께서 손수 준비해 주신 따뜻한 식사가 기다리고 있었다. 절밥은 살이 찌지 않는다며 드라마에서나 보던 고봉밥을 내주셨고, 나는 든든하게 배를 채웠다. 식사를 마친 뒤에는 스님과 함께 앞마당으로 나갔다. 마당 곳곳에는 스님이 가꾼 국화들이 곱게 피어 있었다. 그중에서도 유난히 활짝 핀 새하얀 국화를 가리키며 스님께서 말씀하셨다.

"국화처럼 살아라. 씨가 바람에 날려 여기서 피고 저기서 피는 국화처럼. 어디에서 어떤 색으로 필지 모르는 생명력 강하고 향기로운 국화처럼 살아라."

스님의 한마디가 가슴 깊숙이 파고들었다. 절을 나서자마자 나는 그 말씀을 메모장에 적어 두었다. 이후 한동안 내 핸드폰 배경 화면은 국화 사진이었고, 나는 그 문장을 자주 되새기며 곱씹었다. 메모장 저 아래 여전히 남아 있는 이 글이, 무기력했던 시절의 나에게 얼마나 큰 힘이 되어 주었는지 이제야 깨닫는다. 이제 보니 나는 정말 국화가 되었다. 멀리 날아와 예전과는 전혀 다른 색과 향을 머금고 새롭게 피어난 국화가.

누구나 화려하고 향이 진한, 특별한 꽃이 되기를 꿈꾼다. 나 역시 그랬으니까. 깔끔하게 손질된 꽃병 안에 품어져 멋지고 특별한 존재가 되는 것만이 행복으로 가는 길이라 믿었다. 그렇게만 되면 모두가 나를 우러러볼 거라 기대하며 갈망했다.

다 지나고 나니 보인다. 화려한 꽃병 안에 갇혀 어디로도 갈 수 없는 답답함이, 깔끔하게 다듬어진 틀 속에서 진짜 모습을 잃어 가는 초라함이, 언제 시들지 모른다는 불안함이. 한때 피었다가 금세 져 버리는 찰나의 아름다움이 정말 우리가 원하는 것일까? 아닐 것이다. 눈에 보이는 화려함과 강렬한 향에 속아 현혹되지 않기를 바란다.

이것은 운명도, 운도 아닌 내 선택이다. 누구든 국화가 될 수 있다.

이 글을 읽고 있는 모두가 자신만의 행복을 찾아 흩어져 가는 씨앗처럼 새로운 곳에 피어나기를, 각자 원하는 색과 향기로 자신만의 꽃을 피우기를 바란다.

Epilologue

"형제가 어떻게 되세요?" 아무런 악의 없이 인사말처럼 건네는 이 질문이 오빠의 일을 겪은 이후부터는 나에게 가장 피하고 싶은 질문이 되었다. 그 짧은 한마디가 나를 얼어붙게 만들고, 때로는 어쩔 수 없이 거짓말을 하게 만들었다. 그리고 발리로 옮겨와 살면서 피하고 싶은 질문이 하나 더 늘었다. "갑자기 왜 발리로 간 거야?"

원래 나를 아는 사람들은 물론, 나를 잘 모르는 사람들과 오며 가며 처음 대화를 나누었던 이들까지, 모두 한 번씩은 꼭 물어봤던 이 질문도 앞선 질문과 다르지 않았다. 그 상황이 닥치면 당혹스러움에 말문이 막히기도, 모호한 말로 대답을 얼버무리기도 했다. 또다시 원하지 않은 거짓말을 해야 할 때도 많았다. 무슨 말을 어떻게, 어디서부터 해야 할지도 어려웠지만, 사실은 솔직하게 대화를 이어 나가면 눈물이 터져 나올 것만 같았다. 내가 내 솔직한 감정대로 울어도 되는 건지, 아니면 아무렇지 않은 척 담담해야 하는 건지, 그것도 아니면 쿨하게 웃어넘겨야 하는 건지조차 알 수 없었다.

말로는 하지 못했던 나의 이야기들을 글로 엮어 책으로 만든 지금, 나는 답답하게 쌓여 있던 무언가가 뻥 뚫린 것처럼 속이 시원하고 마음이 한결 편안해졌다. 매번 그 상황을 모면하려고 뜻하지 않은 거짓말을 하고, 솔직하지 못한 대화 속에서 찝찝한 감정만 남았던 지난날들이 나에게는 꽤나 힘들고 불편한 시간이었다. 사실은 나의 이야기들을 전부 솔직하게 이야기하고 싶었던 것 같기도 하다. 엉망진창으로 꽁꽁 뭉쳐 있던 실뭉치가 다시 깔끔하게 돌돌 감긴 것처럼, 꼬여 있던 나의 생각과 감정들 또한 하나씩 풀리고 정리되었다. 내가 그랬듯, 이 책을 읽은 많은 분들의 궁금증도 속 시원히 풀렸기를 바란다. 그리고 그대들의 마음속에 답답하게 쌓여 있던 무언가를 해치울 수 있는 용기가 생겨나는 계기가 되었기를 바란다.

마지막으로, 조용히 나만의 삶을 살아가고 있던 나에게 궁금증을 가져 주시고 이런 기회를 주신 부크럼 해나 이사님과 나의 다듬어지지 않은 날것 같은 표현들이 새롭고 참신하다며 아낌없는 칭찬과 격려를 보내 주었던 주선 에디터님, 그리고 처음 회사에 방문했던 날, 나에게 응원의 편지를 써 주었던 다른 직원분들께도 감사의 인사를 전하고 싶다.

한국이 아닌 발리에서 메일과 카톡을 주고받으며 열심히 작업해 온 지난날들은 혼자이기에 외로울 수 있었던 나의 발리 생활을 더욱더 따뜻하고 활기차게 만들어 주었다. 그리고 발리에서 새로운 삶을 시작하며 하고 싶은 것들을 하나씩 해 보자는 나의 바람이 이루어진 첫 번째 결과물이 바로 이 『가장 낯선 바다에서 가장 나다워졌다』이다.

비록 글은 마무리되었지만, 나의 발리 라이프는 이제 정말 시작인 셈이다.

가장 낯선 바다에서 가장 나다워졌다

1판 1쇄 인쇄 2025년 07월 23일
1판 1쇄 발행 2025년 07월 28일

지 은 이 허가윤

발 행 인 정영욱
편집총괄 정해나
기획편집 박주선
디 자 인 정해나 이정아
마 케 팅 정지은 원희성 김현서 함유진 김형준
마케팅지원 정지상
출판영업 강도원

펴 낸 곳 (주)부크럼
전   화 070-5138-9971~3(도서기획제작팀)
홈페이지 www.bookrum.co.kr
이 메 일 editor@bookrum.co.kr
인스타그램 @bookrum.official
블 로 그 blog.naver.com/s2mfairy

ⓒ 허가윤, 2025
ISBN 979-11-6214-578-4(03800)

- 파본은 구입하신 서점에서 교환해드립니다.
- 이 책은 주식회사 부크럼과 저작권자와의 계약에 따라 발행한 것이므로 본사의 서면 허락 없이는 어떠한 형태나 수단으로도 이 책의 내용을 이용하지 못합니다.
- 오탈자 및 잘못 표기된 부분은 위 이메일 주소로 보내주시면 감사하겠습니다.